Gorny   Abkürzungen der Datenverarbeitung

D1670905

Abkürzungen
der Datenverarbeitung

Abkürzungen
Vollständige Ausdrücke
Erläuterungen

Von Roderich Gorny

2., erweiterte Auflage, 1994

Siemens Nixdorf
Informationssysteme AG

Die Deutsche Bibliothek − CIP- Einheitsaufnahme

Gorny, Roderich:
Abkürzungen der Datenverarbeitaung : Abkürzungen,
vollständige Ausdrücke, Erläuterungen / von Roderich Gorny.
Siemens Nixdorf Informationssysteme AG. − 2., erw. Aufl. −
Berlin ; München : Siemens-Aktienges., [Abt. Verl.], 1994
    ISBN 3-8009-4195-3
NE: HST

ISBN 3-8009-4195-3

2. Auflage, 1994
Herausgeber: Siemens Nixdorf Informationssysteme AG
Verlag: Siemens Aktiengesellschaft, Berlin und München
© 1991 by Siemens Aktiengesellschaft, Berlin und München

Vorwort zur 2. Auflage

Die elektronische Datenverarbeitung ist eine extrem innovative Technik. Sowohl ihre Basistechnologie, die Mikroelektronik, als auch sie selbst sind durch einen rasanten Fortschritt gekennzeichnet.

Im gleichen Fortschritt ist folglich auch die Terminologie begriffen, in der die Informationen über diese Technik formuliert werden. Viele Bezeichnungen sind Neuschöpfungen, die bei ihrem Auftreten in Aufsätzen, Broschüren, Beschreibungen und in der direkten Kommunikation zunächst erst einem engen Kreis von Spezialisten vertraut sind. Dazu kommt, daß die zum Teil sehr umfangreichen Wortgebilde in ihrem häufigen Gebrauch zu Abkürzungen geradezu herausfordern.

So enthalten sprachliche Abhandlungen über DV-Themen überdurchschnittlich viele Abkürzungen, die zum Teil nicht einmal allen DV-Fachleuten geläufig sind. Doch Verständlichkeit einer Darstellung ist unabdingbar für effektive Kommunikation – und die ist für innovative Technik eine ihrer wichtigsten Zutaten.

Hier greift dieses Lexikon helfend ein. Es erfaßt über 3000 Abkürzungen aus allen Bereichen der Datenverarbeitung (Hardware und Software, Computertechnologie, Mikroelektronik und angrenzende Gebiete), die im englischen und deutschen Sprachgebrauch Verwendung finden. In der schwierigen Terminologiesituation ist es dem Autor besonders hoch anzurechnen, daß er sich nicht mit dem Auflisten der Abkürzungen und ihrer entsprechenden vollständigen Ausdrücke begnügt, sondern zusätzlich auch eine kurze Erläuterung zur Bedeutung anfügt.

Bei den Abkürzungen handelt es sich sowohl um echte Wortabkürzungen (z.B. HL für Halbleiter), wie um Akronyme, das sind Initialwörter aus zusammengerückten Anfangsbuchstaben (z.B. AACC für American Automatic Control Council). Eine andere Form der Abkürzungen sind Kunstworte, in denen die Auswahl der Buchstaben so getroffen wird, daß sie sich besser sprechen und assoziativ memorieren lassen (z.B. BASIS für Bausteinsystem für integrierte Fertigungssteuerung). Oder es werden Buchstabenfolgen als Namen verwendet (z.B. ADA, selbst ein Name). Unter all diesen Abkürzungen befinden sich auch Produktbezeichnungen oder Programmnamen, die oft an bestimmte Unternehmen gebunden und teilweise auch als Warenzeichen gesetzlich geschützt sind. Sofern sie in der Literatur häufig verwendet werden, sind sie hier mit aufgenommen, ohne jedoch gesondert gekennzeichnet zu sein. In einem zweiten Teil enthält dieses Lexikon auch eine Zusammenfassung der Maschinenbefehle typischer „Main Frame Computer", die ja auch als Abkürzungen unter dem Gesichtspunkt der mnemotechnischen Unterstützung des Gedächtnisses gebildet worden sind. Und außerdem sind in diesem zweiten Teil die wichtigsten internationalen Handelsbezeichnungen (Incoterms) aufgenommen.

Erstellt wurde das Lexikon mit Hilfe des SNI Personal Computers PC-D. Für die Benutzung ist daher zu beachten, daß die Abkürzungen in der durch das PC-Programm festgelegten Reihenfolge „Sonderzeichen – Zahlen – Buchstaben" sortiert wurden.

Dieses Buch beabsichtigt, dem an der Datenverarbeitung interessierten Publikum und dem mit DV beschäftigten Personenkreis bei der Verständigung in Fachgesprächen und Vorträgen, im Lesen, Durcharbeiten und Verfassen von Aufsätzen, Dokumenten und anderem DV-Schrifttum zu helfen. Bedarf für solche Hilfe ist sicher zur Genüge gegeben.

München, im April 1994

Siemens Nixdorf
Informationssysteme AG

Inhalt

Teil 1   Abkürzungen

A

AAAS
American Association for the Advancement of Science
Vereinigung von Wissenschaftlern in den USA

AACC
American Automatic Control Council
Verband der Automatisierungstechnik in den USA

AACOMS
Army Area Communications System
Nachrichtenübertragungssystem des Heeres der USA

AACSCEDR
Association and Advisory Committee to the Special Committee on Electronic Data Retrieval
Verband und technischer Beirat des Komitees der elektronischen Speicherungs- und Wiedergewinnungstechnik von Daten in den USA

AAD
address adder
logische Schalteinrichtung eines Rechenwerks zur Erzeugung der absoluten Speicheradresse, z. B. Befehlszähler oder Adressenaddierer zur Addition von Basis- und Distanzadresse bei der indirekten Adressierung

AAE
automatische Anrufeinrichtung
Einrichtung zur automatischen Wahl eines Teilnehmers in einem Nachrichtenvermittlungssystem

AAEI
Verband der Exporteure und Importeure in den USA; siehe auch ICOTT

AAL
Absolute Assembly Language
maschinenorientierte Programmiersprache unter Verwendung absoluter Speicheradressen

AAS
arithmetic assignment statement
arithmetische Wertezuweisung einer Variablen

AATC
automatic air traffic control
automatische Überwachung und Steuerung des Luftverkehrs (Flugsicherung)

AAVD
automatic alternate voice/data
wechselweise gesteuerte Übertragung von Sprache und Daten auf einem Nachrichtenübertragungskanal

ABC

automatic brightness control
automatische Helligkeitsrege-
lung für elektronische Anzeigen

ABS

*Auftragsfreigabe mit Belastungs-
schranke*
Methode zur Steuerung ver-
zweigter Werkstattfertigungen

AC

1. accumulator
Akkumulator, Register im
Rechenwerk einer Zentraleinheit zur kurzzeitigen Speicherung von Operanden

2. advanced CMOS
verbesserte CMOS-Technik;
siehe auch CMOS

3. alternating current
Wechselstrom

*4. analogue computer (englisch)
analog computer (amerikanisch)*
Analogrechner, in dem die
Daten in Form von physikalischen Größen dargestellt werden

5. automatic control
Steuer- und Regelungstechnik

ACA

*American Communications
Associations*
Verband der nachrichtentechni-
schen Industrie in den USA

ACAP

*Automatic Circuit Analysis
Program*
Programmsystem für die auto-
matische Schaltkreisanalyse

ACAU

*automatic calling and answering
unit*
automatischer Anrufbeant-
worter

ACCESS

*1. Air Canada Cargo Enquiry
and Service System*
automatisches Buchungssystem
für Luftfrachten der Luftfahrtge-
sellschaft Air Canada

*2. Automatic Computer Control-
led Electronic Scanning System*
rechnergesteuertes elektronisches Abtastsystem

ACE

*1. Advanced Computing Envi-
ronment*
Zusammenschluß von Unter-
nehmen zur gemeinsamen Definition von Hardware- und Soft-
warespezifikationen für die Entwicklung offener Systeme

2. animated computer education
Unterricht mit Hilfe von Compu-
tergraphik

3. ASIC Club Europe
Zusammenschluß von europäischen Anwendern für kundenspezifische integrierte Schaltungen; siehe auch ASIC

*4. asynchronous communication
element*
Baustein für serielle Schnittstellen

5. automatic calling equipment
automatische Wähleinrichtung
der Nachrichtentechnik

6. automatic circuit exchange
automatische Leitungsvermittlung der Nachrichtentechnik

ACF
*Advanced Communication
Function*
Datenübertragungssystem der
IBM

ACI
Automatic Card Identification
automatisches Identifizierungs-
system für Zutrittsberechti-
gungen

ACIA
*asynchronous communication
interface adapter*
Schnittstellenadapter für die
asynchrone Übertragung von
Daten

ACIS
*Association for Computing and
Information Sciences*
Verband der Informationsverar-
beitung und Informatik in USA

ACK
acknowledge
Geräte- bzw. Übertragungssteuerzeichen der Datenfernverarbeitung: positive Rückmeldung,
Empfangsbestätigung

ACKI
acknowledge input
Geräte- bzw. Übertragungssteuerzeichen der Datenfernverarbeitung: positive Rückmeldung
bei einer Eingabe

ACKO
acknowledge output
Geräte- bzw. Übertragungssteuerzeichen der Datenfernverarbeitung: positive Rückmeldung
bei einer Ausgabe

ACL
1. access control list
Zugriffskontrolliste; Liste oder
Tabelle, in der Benutzer eines
Systems eingetragen sind

*2. Association for Computational
Linguistics*
Verband der Sprachforschung in
den USA

ACM
*Association for Computing
Machinery*
Verband der Computerindustrie
in den USA

ACMSC
ACM Standards Committee
Normierungsausschuß im Verband der Computerindustrie in
den USA

ACOM
*Abbreviated COBOL
Preprocessor*
Vorübersetzer für in COBOL
geschriebene Programme

ACP
Airline Control Program
Platzbuchungssystem der IBM
für Luftfahrtgesellschaften

ACPA
*Association of Computer
Programmers and Analysts*
Verband für Programmierer und
Systemtechniker in den USA

ACR
automatic carriage return
Geräte- bzw. Übertragungssteuerzeichen der Datenfernverarbeitung: automatischer Wagenrücklauf

ACRMS
alternating current root mean square
Effektivwert des Wechselstroms

ACS
1. Applied Computer Sciences Ltd.
Verband für wissenschaftliche Computeranwendungen in GB

2. Australien Computer Society
Verband der Computeranwender in Australien

ACSE
Association Control Service Element
durch ISO genormtes Protokoll (ISO Norm 8649, 8650) zur Übertragung von Dateien zwischen unterschiedlichen Systemen

ACT
1. advanced CMOS technology
verbesserte, TTL-kompatible CMOS-Schaltung; siehe auch CMOS
2. automatic component tester
Prüfeinrichtung für Bauelemente

ACU
1. address control unit
Adressensteuerung in der Zentraleinheit

2. arithmetic control unit
Rechen- und Steuerwerk einer Datenverarbeitungsanlage, Teil des Rechners, in dem die Befehle ausgeführt werden, siehe auch ALU

3. automatic calling unit
automatische Anrufeinrichtung eines Vermittlungssystems

ACX
Administration Center in SINIX
Programm zur Verwaltung, Steuerung und Wartung von Computernetzen unter dem Betriebssystem SINIX

AD, auch A/D
analogue-to-digital (englisch)analog-to-digital (amerikanisch)
Umsetzung von analogen in digitale Signale

ADA
höhere Programmiersprache, gefördert durch das Verteidigungsministerum der USA (Department of Defense), benannt nach der Mathematikerin Gräfin Augusta Ada Lovelace

ADABAS
Adaptierbares Datenbanksystem
hardwareunabhängiges, adaptierbares Datenbanksystem der Software AG, Darmstadt

ADAPSO
Association of Data Processing Service Organizations
Verband der Wartungsgesellschaften für DV-Anlagen in den USA

ADC
1. air data computer
Rechner zur Ermittlung der Geschwindigkeit eines Flugzeugs aus Luftdruckwerten und Außentemperatur; siehe auch IAS,TAS

2. analogue-to-digital converter (englisch)
analog-to-digital converter (amerikanisch)

Wandler zur Umsetzung von analogen in digitale Signale; siehe auch ADU

ADCP
advanced data communications control procedure
Verfahren zur Übertragung von Daten auf Leitungen

ADEPSO
Automatic Data Processing Equipment Selection Office
Beschaffungsamt der Marine der USA

ADF
application data file
Feld einer Prozessorchipkarte zur Aufnahme von anwenderspezifischen Daten

ADIS
Automatic Data Interchange System
System zum automatischen Austausch von Daten

ADMIRAL
Automatic and Dynamic Monitor with Immediate Relocation, Allocation and Loading
Programmsystem zur dynamischen Verlagerung, Zuordnung und Aktivierung von Speicherbereichen

ADMSC
Automatic Digital Message Switching Center
digitale Vermittlungseinrichtung für Nachrichten

ADPACS
Automated Data Processing and Communication Service
Dienstleistungseinrichtung für

Datenverarbeitung und Datenfernübertragung in den USA

ADPCM
Association for Data Processing and Computer Management
Verband von Datenverarbeitungsunternehmen in den USA

ADPM
automatic data processing machine
Rechner, Computer, Datenverarbeitungsanlage

ADPP
automatic data processing program
Programm für einen Rechner, einen Computer, eine Datenverarbeitungsanlage

ADPS
automatic data processing system
Datenverarbeitungssystem, Rechner, Computer; Datenverarbeitungsanlage mit peripheren Geräten und Programmen

ADPU
automatic data processing unit
Datenverarbeitungseinheit, Rechner, Zentraleinheit

ADR
1. Additionsregister
Register eines Rechenwerks zur Verknüpfung von Operanden

2. Adressenregister
Register eines Rechenwerks zur Speicherung von Adressen

ADS
Analog Design System
Entwicklungssystem für kundenspezifische anlog-/digital-Schaltungen; siehe auch ASIC

ADSUM
Adressensuchmethode
Algorithmus zum schnellen Auf-
finden von Adressen

ADU
Analog-Digital-Umsetzer
Wandler zur Umsetzung von
analogen in digitale Signale

ADV
*Arbeitsgemeinschaft für Daten-
verarbeitung*
Verband der Datenverarbei-
tungsanwendungen in Österreich

ADVOKAD
*arbeitsablaufsteuerndes Daten-
bankverfahren für vertrieblich
orientierte und kaufmännische
Aufgaben im Geschäftsbereich
Datentechnik*
Datenbanksystem, das von der
SNI für die interne DV-gesteu-
erte Produktverwaltung, Ange-
botsbearbeitung, Auftragsbearbeitung, Liefersteuerung,
Abrechnung, Disposition und
Lagerhaltung verwendet wird

ADX
automatic data exchange
automatischer Austausch von
Daten

AEA
*1. American Electronics
Association*
Verband der Elektroindustrie in
den USA

*2. Association of European
Airlines*
Verband europäischer Luftfahrt-
gesellschaften

AEC
*Architecture Engineering
Construction*
Programmsystem für rechner-
unterstütztes Entwerfen in der
Architektur für Baubehörden
oder im Bauwesen

AED
1. ALGOL Extended Design
Erweiterung der Programmiersprache ALGOL 60 für den
automatischen Entwurf von Programmen

*2. Automated Engineering
Design*
Programmsystem für rechner-
unterstütztes Entwerfen für
Ingenieure

AEDP
*Association for Educational Data
Processing*
Verband für die Ausbildung in
der Datenverarbeitung in den
USA

AEF
*Ausschuß für Einheiten und
Formelgrößen*
Ausschuß im Deutschen Nor-
menausschuß

AEI
*1. Association of Electrical
Industries*
Verband der elektrotechnischen
Industrie in den USA

*2. Associazione Elettrotecnica
Italiana*
Verband der elektrotechnischen
Industrie in Italien

AENOR
Asociaciòn Espanola de Normalizacion y Certification
spanisches Institut für Normungen

AEP
alternating edge pulse
Übertragungsmethode für den Anschluß peripherer Geräte an DV-Anlagen

AFC
1. Advanced Function of Communications
Datenübertragungssystem der IBM

2. automatic frequency control
automatische Frequenzüberwachung

AFCAL
Association Française de Calcule
Verband von Datenverarbeitungsunternehmen in Frankreich

AFCET
Association Française pour la Cybernétique Economique et Technique
Verband der Steuer- und Regelungstechnik in Frankreich

AFIPS
American Federation of Information Processing Societies
Vereinigung von Datenverarbeitungsunternehmen in den USA

AFM
atomic force microscope
Meßsystem zur Erfassung der Topographie von Oberflächen

AFNOR
Association Française de Normalisation
Verband zur Festlegung von Normen in Frankreich

AFP
1. alternierendes Flankenpulsverfahren
Übertragungseinrichtung zum Anschluss von Datenstationen an Personal Computer über Datenfernübertragungsleitungen im Fernbereich

2. automatic floating point
Gleitkommadarstellung von Dualzahlen

AFRAL
Association Française de Réglage Automatique
Verband von Steuer- und Regelungstechnikunternehmen in Frankreich

AG
Automatisierungsgerät
Steuer- und Regeleinrichtung zur Automatisierung von Fertigungsabläufen, z. B. speicherprogrammierbare Steuerung; siehe auch SPS

AGAVE
Auftragsabwicklungsverfahren
verwaltet Aufträge aller Geschäftsarten der Siemens AG von der Auftragsannahme über Bestellung, Bestelländerung bis zur Lieferung und Unterstützung der Abrechnung

AGV
automated guided vehicle
fahrerloses Förderfahrzeug

AI

artificial intelligence
künstliche Intelligenz; Gebiet
der Datenverarbeitung zur
Nachahmung menschlicher
Eigenschaften aus dem
Verstandes-, Erkennungs- und
Verhaltensbereich; zur künstli-
chen Intelligenz gehören Syste-
me zur Verarbeitung natürlicher
Sprachen, zur Wissensverarbei-
tung, zur Bildverarbeitung, zur
Erkennung der Umwelt, zur
Wissensauswertung (Experten-
systeme) u. a. m.

AIA

Aerospace Industry Association
Verband der Raumfahrttechnik
in den USA; siehe auch ICOTT

AIC

automatic item correction
Verfahren zur Korrektur bei der
Belegeingabe

AICA

*Associazione Italiana per il
Calcolo Automatico*
Verband der elektronischen
Datenverarbeitungsunterneh-
men in Italien

AID

automatic industrial drilling
Erstellung von Programmstrei-
fen für numerisch gesteuerte
Bohrmaschinen

AIDS

1. Air Integrated Data System
Programmsystem zur Überwa-
chung bzw. zur Wartung von
Flugzeugen

*2. automatic integrated
debugging system*
integriertes Fehlersuchsystem

AIIE

*American Institute of Industrial
Engineers*
Verband der Ingenieure in den
USA

AIMS

*Automated Inventory Manage-
ment Evaluation System*
Programmsystem zur Bestands-
verwaltung und Bestandsverwer-
tung

AIN

advanced intelligent network
verbesserte Steuerung von Kom-
munikationsnetzen

AIP

*automatic information
processing*
programmgesteuerte Informationsverarbeitung

AIRCON

*Automated Information and
Reservation Computer Oriented
Network*
computergesteuertes Informa-
tions- und Reservierungssystem

AIRS

*1. Automatic Image Retrieval
System*
Programmsystem zur Wiederauffindung von elektronisch
gespeicherten Bildern

*2. Automatic Information
Retrieval System*
Programmsystem zur Wieder-
auffindung von Informationen

AIUSS

Vereinigung von Anwendern
von SNI-Computern in Italien

AKOM

Applikationsdienste zur Kommunikation
Elektronic-Mail-Verfahren der SNI zum automatischen Versenden und Empfangen von Nachrichten in Transdata-Netzen unter BS2000

AL

assembly language
Assembler, Assemblersprache, maschinennahe Programmiersprache

ALCOR

Arbeitsgemeinschaft zur Standardisierung des ALGOL-Converters (Übersetzer für standardisierte ALGOL-Formulierungen) in Deutschland

ALDG

Automatic Logic Design Generator
Programmsystem der IBM zum rechnerunterstützten Schaltungsentwurf

ALDOS

Automatisches Lagerdispositions- und Optimierungssystem
Programmsystem der SNI

ALFA

1. A Language for Financial Analysis
höhere Programmiersprache für Finanzprobleme

2. Automatisiertes Luftfrachtabwicklungsverfahren
Programmsystem der SNI

3. Automatisierungssystem für Leiterplattenbestückung mit flexibler Automatenorganisation

4. programmgesteuertes Zollsystem für die deutschen Zollbehörden

ALFTRAN

ALGOL to FORTRAN Translator
Übersetzer von ALGOL-60-Programmen in FORTRAN-Programme

ALGI

ALGOL Compiler
ALGOL-Übersetzer der SNI für die Betriebssysteme BS1000 und BS2000

ALGOL

Algorithmic (Programming) Language
algorithmische Programmiersprache zur Erstellung problemorientierter Programme für wissenschaftliche und technische Aufgaben

ALIBABA

Auftragsabwicklung Liefergeschäft mit integrierter Bestellweitergabe, Auftragsbestandsführung und Abrechnung
Programmsystem der SNI

ALLC

Association for Literary and Linguistic Computing
Verband für Literatur- und Sprachautomatisierung in den USA

ALP

assembly language program
in einer Assemblersprache geschriebenes Programm

ALPS
Automated Language Processing System
Programmsystem für die Sprachübersetzung von der englischen in die deutsche, französische, portugiesische und spanische Sprache

ALS
advanced low power Schottky
verbesserte bipolare Schaltung der TTL-Schaltungslogik

ALTAC
Algebraic Translator and Compiler
Übersetzer für algebraische Ausdrücke

ALTRAN
Algebraic Translator
Übersetzer für algebraische Ausdrücke

ALU
arithmetic logic unit
Rechenwerk, arithmetische Einheit einer Datenverarbeitungsanlage; Teil des Rechners, in dem die Befehle ausgeführt werden; siehe auch ACU

ALX
modulare international einsetzbare, betriebswirtschaftliche Softwarebibliothek der SNI

AM
1. Amplitudenmodulation
Modulationsweise bei der Übertragung von Informationen

2. auxiliary memory
Hilfsspeicher zur Zwischenspeicherung von Daten

AMA
automatic memory allocation
automatische Speicherplatzzuweisung für Daten und Programme

AMBOSS
allgemeines modulares bildschirmorientiertes Software-System
Betriebssystem des SNI Bürosystems 6000 (modulares Terminalsystem)

AMIGOS
Access Method for Indexed Data Generalized for Operating Systems
verallgemeinerte Zugriffsmethode für indizierte Daten; Programmteil eines Betriebssystemes

AML
1. A Manufacturing Language
Programmiersprache der IBM zur Programmierung von Robotern

2. Assembly Micro Library
Verzeichnis von Mikroprogrammen (Mikroprogrammbibliothek)

AMNIP
adaptiv man-machine nonarithmetical information processing
Benutzersprache für nichtarithmetische Informationsverarbeitung

AMP
1. associative memory processor
Rechenwerk mit Assoziativspeicher

2. Automated Manufacturing Planning
Programmsystem der IBM für die rechnerunterstützte Produktionsplanung

AMPP
Advanced Multi-programming Procedure
Betriebssystem der IBM für den parallelen Ablauf von Programmen

AMPS
advanced mobile phone system
Normierung für Zellulartelefoneinrichtungen in den USA

AMS
American Mathematical Society
Verband für Mathematik in den USA

AMSG
Allied Military Security General Publication
Bedingungen der NATO für die Zulassung militärischer Geräte

AMT
1. advanced manufacturing technology
verbesserte Fertigungstechnologie

2. available machine time
die dem Benutzer zur Verfügung stehende Rechenzeit eines Computers

AMTCL
Association for Machine Translation and Computational Linguistics
Verband für Sprachübersetzungen mit Hilfe von Computerprogrammen in den USA

AMTRAN
Automatic Mathematical Translator
Übersetzer für mathematische Programme

ANAGOL
Analogrechner ALGOL
digitaler Analogsimulator für Programme in ALGOL

ANIE
Associazione Nazionale Industrie Elettrotecniche
Verband für Normierungen in Italien

ANIS
Allgemeines Nichtnumerisches Informationssystem
Programmsystem der IBM

ANITA
Analyse des Auftragsbestandes und Integration der Auftragsbearbeitung
Programmsystem der SNI zur Auftragsabwicklung

ANL
American National Standards Institute Label
Nationales Normeninstitut der USA zur Festlegung von Magnetbandetiketten

ANS
American National Standard
Normen der USA

ANSCOBOL
oder ANSICOBOL
vom „American National Standards Institute" entwickelte Version der Sprache COBOL

ANSI

American National Standards Institute
Institut zur Festlegung von Normen für die USA

AOQ

average outgoing quality
durchschnittlicher Anteil fehlerhafter Bauelemente bei Lieferung

AOS

Advanced Operating System
Betriebsystem der IBM mit erweiterten Funktionen

AOW

Asia Oceania Workshop
asiatisches Institut für Normung

AP

attached processor
zusätzlich angeschlossener Prozessor zur Erhöhung des Programm- und Datendurchsatzes

APA

all points addressable
Verfahren zur Steuerung grafischer Einrichtungen im PC-Bereich; siehe auch VGA

APC

Arbeitsplatzcomputer
Informationsverarbeitungssystem, das von seiner Ausstattung und von seinem Umfang her im Umfeld eines Büroarbeitsplatzes aufgestellt werden kann

APCHE

automatic programming checkout equipment
Einrichtung zum automatischen Testen von Programmen

APEX

Advanced Processor Extension
Mikrocomputer von INTEL mit mehreren Rechenwerken

APG

Allgemeiner Programmgenerator
Programmsystem der SNI zur Verknüpfung von Teilprogrammen und Einfügung von Unterprogrammen

API

application programming interface
Gesamtheit der für die Anwenderprogrammierung wichtigen Systemsoftware-Schnittstellen offener Systeme der SNI

APL

A Programming Language
höhere problemorientierte Programmiersprache

APLI

Programmsystem des BS2000 zur Abarbeitung von APL-Programmen

APLUM

Advanced APL-System
erweiterte APL-Programmiersprache

APM

advanced power management
Stromversorgung für tragbare Computer

APPC/PC

Advanced Program-to-Program Communications for Personal Computers
Kommunikationssystem der IBM für Programme von Personal Computer

APS
Advanced Programming System
Programmiersystem für die
offline-Programmierung von
Robotern

APT
*1. automatic picture trans-
mission*
automatische Übertragung von
Bildern

*2. automatic programming of
tools*
Programmierung von
numerisch gesteuerten Werkzeugmaschinen

APT-Verein
Vereinigung von Benutzern zur
Anwendung von Program-
miersprachen für numerisch gesteuerte Werkzeugmaschinen

APTS
*Automatic Program Testing
System*
automatisches System zum
Testen von Programmen

APU
arithmetic processing unit
Rechenwerk, arithmetische Einheit einer Datenverarbeitungsanlage; Teil des Rechners, in
dem die Befehle ausgeführt werden; siehe auch ACU, ALU

APX
Application Processor Extension
Softwareschnittstelle zwischen
Rechner, ausgestattet mit einge-
schränktem und umfangreichem
Befehlsvorrat; siehe auch CICS,
RISC

AQL
acceptable quality level
Fachbegriff aus der Qualitätssicherung: ausreichende Qualität

AR
Adressenregister
Speicher zur kurzzeitigen Auf-
nahme von Adressen z. B. zur
Adressierung des Hauptspeichers

ARC
advanced RISC computing
verbesserte Prozessoren mit
RISC-Architektur; siehe auch
RISC

AROM
alterable read-only memory
Festwertspeicher mit veränder-
barem Inhalt

ARPA
*Advanced Research Projects
Agency*
Unternehmen der USA zur Ent-
wicklung eines Computernetzes;
siehe auch ARPANET

ARPANET
Computernetz der USA mit
einigen hundert Host-Rechnern
für wissenschaftliche Zwecke,
ursprünglich von der Defense
Advanced Research Projects
Agency (ARPA) entwickelt

ARQ
automatic repeat on request
Wiederholung der Datenübertragung auf Anforderung

ASA
1. accelerate storage adapter
Speicheranpassungsschaltung
der IBM

2. American Standards Association
Normenausschuß der USA

ASCII
American Standard Code for Information Interchange
Code der USA zur Verschlüsselung von Ziffern, Buchstaben, Zeichen und Sonderzeichen

ASCOB
ASMUS-COBOL-Schnittstelle
Programmsystem der SNI zur Kommunikation zwischen ASMUS- und COBOL- Programmen

ASIC
application specific integrated circuit
kundenspezifische integrierte Schaltung für den Einsatz in speziellen Systemen

ASIS
American Society for Information Science
Gesellschaft von Datenverarbeitern in den USA

ASMUS
Allgemeines Steuerprogramm für Multitaskingsysteme
Programmsystem der SNI

ASP
1. Arbeitsspeicher
Hauptspeicher einer Datenverarbeitungsanlage

2. attached support processor
Rechner zur Unterstützung des Programmablaufs

ASPM
Automated System for Production Management
System zur rechnergesteuerten Produktionslenkung

ASSMET
Assembler-Makros für Entscheidungstabellen
Programmsystem der SNI zur Erzeugung von Entscheidungstabellen mit Hilfe von Makrobefehlen

AST
active segment table
Verzeichnis der aktiven Programmsegmente eines Betriebssystems

ASW
Anwendersoftware
Anwenderprogramme für DV-Anlagen

AT
Personal Computer mit einem 16-bit-Datenbus und mit einem 16-bit-Mikroprozessor der IBM und anderer Hersteller

ATC
air trafic control
Überwachung und Steuerung des Luftverkehrs (Flugsicherung); siehe auch AATC

ATDM
asynchronous time division multiplexing
Zeitmultiplexverfahren der Nachrichtenübertragung

ATE
automatic test equipment
automatische Einrichtung zur
Fehlerdiagnose in elektronischen Geräten

ATLAS
*Abbreviated Test Language for
Avionic Systems*
höhere Programmiersprache zur
Lösung von Aufgaben der Luft-
fahrttechnik

ATM
1. address translation memory
Einrichtung zum Umsetzen von
Adressen für virtuelle Speicher

2. asynchronous transfer mode
asynchroner Transfermodus in
Telekommunikationsnetzen zur
einheitlichen Verpackung aller
Informationen, wie Schmal- und
Breitband, Voice und Nonvoice,
Nutz- und Signalbits in standar-
disierten Paketen

3. automatic teller machine
Automat zur Ausgabe von Bar-
geld

ATMS
*Advanced Text Management
System*
Textverarbeitungssystem der
IBM

ATOP
automatischer Operator
programmierbare automatische
Einrichtung für die Bedienung
und Verwaltung von Datenverarbeitungsanlagen

AUSE
Vereinigung von SNI-Compu-
ter-Anwendern in Spanien

AUTONET
*automatisches Zeichnen von
Netzplänen*

AUTOPIC
*automatic personal identification
code*
Code zur Personenerkennung

AUTOPROMT
*Automated Programming of
Machine Tools*
höhere Programmiersprache der
IBM für numerisch gesteuerte
Fräsmaschinen

AUTOSPOT
*Automated System for Positio-
ning of Tools*
Programmiersprache für numerisch gesteuerte Maschinen

AVA
*Datenaufbereitung für das Rech-
nungs- und Berichtswesen*
Programmsystem der Siemens
AG zur Unterstützung der Rech-
nungs- und Berichterstellung

AVAS
*Auftragsverwaltungs- und
Abwicklungssystem*
Teil des BS2000 zur Automatisierung der Rechenzentrumspro-
duktion (Aufträge, Vorbereitungen, Planungen, Kontrollen)

AVB
Arbeitsvorbereitung
Teil der DV-Organisation zur
Vorbereitung und Kontrolle von
Daten in einem Rechenzentrum

AVC
audio video computer
Rechner mit Einrichtungen für
Ton- und Bildverarbeitung

AVL-BAUM
Adelson-Velskii-Landis-Baum
hierarchische Datenstruktur

AWV
Arbeitsgemeinschaft für wirt-
schaftliche Verwaltung e. V.

AVLSI
analog very large scale
integration
Integration von Bauelementen
und deren Verbindungen auf
einem Chip für analoge Anwendungen

AWACS
Airborn Warning and Control
System
Frühwarn- und Aufklärungs-
system der Luftwaffe der USA

AWAG
automatisches Wähl- und
Anzeigegerät
Gerät zur automatischen Alar-
mierung vorherbestimmter
Fernsprechteilnehmer

AWD
Automatische Wähleinrichtung
für Datenverbindungen
Vermittlungseinrichtung zur
Übertragung von Daten

AWS
Ausgabewarteschlange
Einreihung von Aufträgen für
ein Ausgabegerät in eine Warte-
schlange, Programmteil eines
Betriebssystems

AWUG
automatisches Wähl- und Über-
tragungsgerät
Gerät zur automatischen Übertragung von Alarmmeldungen
über Fernsprechnetze an einen
oder mehrere Alarmempfänger

B

BAFA
Bundesausfuhramt
Genehmigungsbehörde in Eschborn für Ausfuhr von Waren;
siehe auch BAW

BAM
1. *basic access method*
grundlegende Zugriffsmethode zu Dateien

2. *bitserielle asynchrone Übertragungsprozedur zum Anschluß an Mehrfachsteuerungen*
asynchrones, zeichenorientiertes Übertragungsverfahren (Wechseltakt) zum Anschluß von Datensichtstationen an Mehrfachsteuerungen und Datenfernübertragungseinrichtungen

BAMBUS
Bildungsdaten Abrechnung mit Buchung und Statistik
Informationssystem der SNI

BANCS
Banking Applications and Network Computing Services
umfassendes informationstechnisches Anwendungspaket der SNI für alle wesentlichen Aufgabenbereiche von Banken und Sparkassen

BASEDAC
BASIC Data Acquisition
Einrichtung der Programmiersprache BASIC zur Datenerfassung

BASEX
BASIC Extension
Erweiterung der Programmiersprache BASIC

BASIC
Beginners' All-purpose Symbolic Instruction Code
dialogfähige höhere Programmiersprache für Anfänger

BASIC-X
Extended BASIC
Erweiterung der Programmiersprache BASIC

BASIS
Bausteinsystem für integrierte Fertigungssteuerung
Programmsystem der SNI zur Fertigungsautomatisierung

BAV
Bestell- und Abrechnungsverkehr
Richtlinien zur Regelung des internen Bestell-, Bestätigungs-, Abrechnungs- und Lieferverkehrs der Siemens AG

BAW
Bundesamt für Wirtschaft
Genehmigungsbehörde in Eschborn für Ein- und Ausfuhren von Waren und anderer Wirtschaftsbereiche; siehe auch BAFA

BBS
1. *Bandbetriebssystem*
auf Magnetbanddatenträger hinterlegtes Betriebssystem

2. *Bedienungsblattschreiber*
Bedienungseinrichtung, Konsole älterer Rechner

BBU
batterie back up unit
Batterie für unterbrechungs-
freies Arbeiten eines Personal
Computer bei Stromausfall

BC
binary code
Binärcode; binäre Darstellung
von Ziffern

BCC
block checking character
Blockprüfzeichen, Blocksiche-
rungszeichen zur Erkennung und
Korrektur von fehlerhaft übertragenen Daten

BCD
binary coded decimal
binäre Verschlüsselung von
Dezimalziffern

BCDD
binary coded decimal digit
binäre Darstellung einer Dezi-
malziffer

BCI
binary coded information
binäre Darstellung einer Information

BCO
binary coded octal
binäre Verschlüsselung von
Oktalziffern

BCS
Banking Communication System
Programmteil eines Bankensy-
stems der IBM

BCU
bus control unit
in Mikroprozessortechnik aufgebaute Bussteuerung eines Rechners

BD
binary decoder
binäre Dekodiereinrichtung,
Dekodierschaltung

Bd
Baud
Maßeinheit für die Schrittgeschwindigkeit bei der Datenübertragung. Wird je Übertra-
gungsschritt ein Bit übertragen,
so ist die Schrittgeschwindigkeit
in Baud gleich der Übertragungsgeschwindigkeit in bit/s

BDAM
basic direct access method
grundlegende Methode für den
direkten Zugriff zu Daten

BDE
Betriebsdatenerfassung
Einrichtung zum Erfassen
betrieblicher Daten

BDI
base diffusion isolation
Verfahren zur Herstellung von
Transistoren der Planartechnik,
Anordnung der Schaltelemente
auf der Oberfläche eines Mono-
lithen

BDL
Business Definition Language
kommerziell orientierte höhere
Programmiersprache

BDSB

betrieblicher Datenschutz-beauftragter
vorgeschriebenes Selbstkontrollorgan zur Sicherstellung der Ausführung der gesetzlichen Bestimmungen

BDSG

Bundesdatenschutzgesetz
deutsches Datenschutzgesetz

BDU

basic display unit
alphanumerisches Datensichtgerät; Eingabe/Ausgabe-Einheit einer Datenverarbeitungsanlage

BEAMA

British Electrical and Allied Manufactures Association
Verband der britischen Elektroindustrie und zugehöriegen Herstellern

BEC

British Electrotechnical Committee
Verband der britischen Elektroindustrie mit Sitz in London

BECAM

basic communication access method
Programmteil des BS2000 für Datenfernübertragungsaufgaben

BEFF

Business and Engineering Enriched FORTRAN
Erweiterung der Sprache FORTRAN für kommerzielle und technische Anwendungen

BEL

bell
Geräte- bzw. Übertragungssteuerzeichen der Datenfernverarbeitung: Klingel

BELGFE

Beleglesefehlerprogramm
Programm zur Erkennung von fehlerhaft gelesenen Belegen

BER

bit error rate
Bitfehlerrate, Häufigkeit auftretender Bitfehler

BERMUDA

Benutzerservice für Maskenunterstützung an Datensichtstationen
Programmteil des TRANS-DATA-Systems der Siemens AG zur Erfassung von Daten an alphanumerischen Datensichtgeräten

BERT

bit error rate test
Messung der Bitfehlerrate

BETINA

1. Bausteine für ein technisches Informationssystem mit Netzanalyse
Programmsystem der SNI

2. Betriebelager Inventur Abwicklung
Programmsystem der SNI

BF

1. best fit algorithm
Verfahren für die Zuteilung von Speicherbereichen

2. blocking factor
Blockfaktor, Maßstab für die Ausnutzung von Speicherplätzen durch Blockeinteilungen

BfD
*Bundesbeauftragter für den
Datenschutz*
für die Sicherstellung der Durchführung des Bundesdatenschutz-
gesetzes sowie anderer Vorschriften im öffentlichen Bereich
des Bundes verantwortlich

BFS
1. basic file system
Basisdatei; grundlegende Daten
für ein Datenbanksystem
2. Bredth First Search
Suchalgorithmus in Form von
Baumstrukturen

BGE
Bull General Electric
Datenverarbeitungsunterneh-
men in Frankreich

BH
binary to hexadecimal
Umcodierung von Binär- in
Hexadezimalzahlen

BIAS
Bibliotheks-Ausleihe-System
Programmsystem der Siemens
AG für den Bibliotheksbetrieb

BIBLIS
*Bibliothekensystem für Steuer-
ungsprogramme des BS2000*
Programmsystem der SNI für
den Bibliotheksbetrieb im
BS2000

BICMOS
bipolar CMOS
integrierte Schaltung mit komplementären Transistoren und
bipolarem Ausgang; siehe auch
CMOS

BIFET
bipolar field effect transistor
Feldeffekttransistor mit bipola-
ren Halbleitereigenschaften

BIFOS
*Börsen Informations- und Order-
system*
Programmsystem zur Abwick-
lung des Börsenhandels in
Deutschland

BIGFON
*Breitbandiges Integriertes Glas-
faser-Fernmelde-Orts-Netz*
Vermittlungseinrichtung zur
Übertragung von Sprache und
Bilder im Ortsbereich

BIL
block input length
Länge einzugebender Datenblöcke

BIMOS
*bipolar metal oxide semi-
conductor*
bipolare MOS-Halbleiterschal-
tung

BIOS
basic input output system
hardwarenahe Software für Personal Computer zur Aussteue-
rung der Hardware; sie stellt für
das Betriebssystem hardware-
spezifische Basisfunktionen
bereit und enthält Routinen zur
Initialisierung und zum Testen
der Hardware beim Einschalten
eines Personal Computer

BIRS
*basic indexing and retrieval
system*
grundlegendes Verfahren zum
Indizieren und Wiederauffinden
von Informationen

BIS
business instruction set
spezieller Befehlssatz für die
Erstellung kommerzieller Programme

BISAM
*basic index sequential access
method*
grundlegende Methode für
indexsequentielle Zugriffe zu
Dateien

B-ISDN
*broadband integrated services
digital network*
öffentliches, universelles, intelligentes und breitbandiges Wählnetz zur Übertragung von Sprache, Daten, Texten und Bildern
in digitaler Form

BIST
built in self test
in Baugruppen, Geräten usw.
eingebaute Einrichtungen zum
Selbsttesten ohne externe Ver-
anlassung

BISYNC
*binary synchronous communica-
tions*
Übertragung binärer Daten im
Synchronverfahren

BIT
built in test
in einem Gerät eingebaute
Prüfeinrichtung zur automatischen Fehlererkennung

Bit
*(deutsch), bit (engl./amerik.),
binary digit*
Binärzeichen, Binärziffer, binä-
res Element, kleinste Informa-

tionseinheit; nach Zahlenwert
„bit" (32 bit)

BIX
binary information exchange
Austausch von binären Informationen

BJF
batch job foreground
Stapelverarbeitung von Programmen, die sich in einem Vor-
dergrundspeicher befinden

BKZ
Benutzerkennzeichen

BL
1. Belegsortierer
Einrichtung zum Lesen und Sortieren von Datenbelegen

2. block lable
Marke zur Kennzeichnung eines
Datenblocks auf einem Magnet-
band

3. Blocklänge
Kennzeichnung der Länge eines
Datenblocks auf einem Magnet-
band

BLE
block length error
Fehler innerhalb eines Datenblocks beim Lesen von einem
Magnetband

BLF
Blockungsfaktor
Maßstab zum Ausnutzen des
Speicherplatzes bei der Speiche-
rung von Daten in Form von
Blöcken

BLMUX
Blockmultiplexkanal
Eingabe/Ausgabe-Kanal einer
Datenverarbeitungsanlage zur
Übertragung von Daten im
blockweisen Multiplexverfahren

BLU
basic logic unit
Rechen- und Steuerwerk einer
Datenverarbeitungsanlage; Teil
des Rechners, in dem die Befehle ausgeführt werden; siehe
auch ACU, ALU, BPU, CLU

BM
1. binary multiply
Maschinenbefehl einer Datenverarbeitungsanlage zur Multi-
plikation binär codierter Zahlen

2. Blockmarke
Kennzeichnung der Daten-
blöcke auf einem Magnetband

BMSR
*Betriebsmeß-, steuerungs- und
-regelungstechnik*
Gebiet zum Messen, Steuern
und Regeln von Betriebseinrich-
tungen

BNC
Banking Network Computer
eine auf spezielle Bedürfnisse
für Banken und Sparkassen
zugeschnittene Parameterspra-
che der SNI

BNF
*Backus-Naur-FormBackus-
Normal-Form*
Notierungen für kontextfreie
Grammatiken

BO
binary to oktal
Umwandlung von binär ver-
schlüsselten in oktal verschlüsselte Zahlen

BOC
Bell Operating Companies
Telephongesellschaften in den
USA

BOM
beginning of message
Geräte- bzw. Übertragungssteuerzeichen der Datenfernverarbeitung: Anfang einer zu übertragenden Nachricht

BORAM
*blockoriented random access
memory*
direkt adressierbarer Speicher
mit blockweiser Datenstruktur

BORSA
*Budgetorientiertes Rechnungs-
wesen für staatliche Aufgaben*
Programmsystem aus dem
Finanzwesen

BOT
beginning of tape
Bandanfangsmarke eines
Magnetbandes

BP
batch processing
Abarbeitung der sich in einem
Stapel befindlichen Programme
und Daten durch eine Datenverarbeitungsanlage

BPAM
basic partitioned access method
grundlegendes Verfahren für
den Zugriff zu gespeicherten
Daten

BPBS
Band-Platte-Betriebssystem
auf einem Magnetband oder auf
einer Magnetplatte gespeicher-
tes Betriebssystem

bpi
bits per inch
Speicherdichte; Anzahl der auf

einer Längeneinheit gespeicherten Bits

Bpi
bytes per inch
Speicherdichte; Anzahl der auf einer Längeneinheit gespeicherten Bytes

BPKT
basic programming knowledge test
Test zum Erkennen von Grundkenntnissen in der Programmierung

bps
bits per second
Übertragungsrate; Anzahl der in einer Zeiteinheit übertragenen Bits

Bps
bytes per second
Übertragungsrate; Anzahl der in einer Zeiteinheit übertragenen Bytes

BPU
basic processing unit
Rechen- und Steuerwerk einer Datenverarbeitungsanlage; Teil des Rechners, in dem die Befehle ausgeführt werden; siehe auch ACU, ALU, BLU

BQL
Basic Query Language
höhere Programmiersprache zur Abfrage von Datenbanken

BS
1. backspace
Geräte- bzw. Übertragungssteuerzeichen der Datenfernverarbeitung: Rückwärtsschritt

2. Betriebssystem
Programmsystem zur Steuerung der Hardware einer Datenverarbeitungsanlage

3. British Standards
Festlegung von Normen in Großbritannien

BS1000
Betriebssystem der SNI mit realer Speichertechnik

BS2000
Betriebssystem der SNI mit virtueller Speichertechnik

BSAM
basic sequential access method
sequentielles Zugriffsverfahren zu gespeicherten Daten; Teil eines Betriebssystems

BSC
binary synchronous communications
Übertragung von binären Daten im Synchronverfahren

BSI
1. British Standards Institute
Britisches Normeninstitut in London

2. Bundesamt für Sicherheit in der Informationstechnik
bis Januar 1990 ZSI = Zentralstelle für Sicherheit in der Informationstechnik

BSR
Betriebssystem für reale Adressierung
System, das einem Programm nur den tatsächlichen zur Verfügung stehenden Hauptspeicher zuordnen kann

BST

binary search tree
binärer Suchbaum, Verfahren in
der Datenbanktechnik

BSV

*Betriebssystem für virtuelle
Adressierung*
System, das ohne Rücksicht auf
die Grenzen des tatsächlichen
Hauptspeichers einem Pro-
gramm Speicherplatz zur Verfügung stellt

BTAM

1. basic tape access method
Zugriffsverfahren für auf
Magnetbänder gespeicherte
Dateien des BS2000

*2. basic telecommunications
access method*
grundlegendes Zugriffsverfahren der Datenfernübertragung;
Teil eines Betriebssystems

BTD

binary to decimal
Umwandlung binär verschlüssel-
ter Zahlen in Dezimalzahlen

BTDL

basic transient diode logic
Schaltungstechnik

BTL

beginning tape label
Bandanfangsmarke eines
Magnetbands

BTSS

basic time sharing system
Betriebssystem für Rechner mit
Teilnehmerbetrieb

Btx

Bildschirmtext
Informationsbereitstellung mittels der Fernseh-, Nachrichten-
und Datentechnik

BVS

Bibliotheksverbundsystem
Kommunikationssystem der
Siemens AG im Bibliotheken-
bereich

BYBLOS

*Entwurf und Dokumentation
von Orgware und Software*
Programmsystem der SNI

BYMUX

Bytemultiplexkanal
Eingabe/Ausgabe-Kanal einer
Datenverarbeitungsanlage zur
byteweisen Übertragung von
Daten im Zeitmultiplexver-
fahren

BYP

Bypass
Geräte- bzw. Übertragungssteuerzeichen der Datenfernverarbeitung: Sonderfolgenanfang

Byte *(deutsch)*
byte (engl./amerik.)
entstanden aus einer Veränderung von „bite", der Happen;
eine Anzahl von Bits, die von
einer Datenverarbeitungsanlage
als eine Einheit behandelt wird
(z. B. ein 8-bit-Byte); wird im
Deutschen als Hauptwort dekli-
niert, zusammen mit Zahlenwer-
ten Kleinschreibung (1Mbyte =
1.000.000 byte)

BZ
Befehlszähler
Einrichtung im Rechen- und
Steuerwerk einer Datenverar-
beitungsanlage zur Fortschal-
tung von Befehlsadressen

C

c
höhere Programmiersprache zur
Herstellung von Programmen
für Personal Computer

CA
computer animation
Verfahren, mit dem Computer
Objekte auch in (ihrer) Bewe-
gung darstellen

CAA
computer aided assembling
computerunterstützte Montage

CACID
*computer aided concurrent
integral design*
computerunterstütztes Konstruieren

CAD
1. computer aided design
computerunterstütztes Entwerfen und Konstruierern für den
Maschinenbau, für das Bauingenieurwesen und für die Elektrotechnik

2. computer aided detection
computerunterstützte Erkennung, Auffindung

CADAPSO
*Canadian Association of Data
Processing Organizations*
Vereinigung kanadischer EDV-
Organisationen

CADE
computer aided data entry
computerunterstütztes Datenerfassungssystem

CADEP
computer aided design of electronic products
computerunterstütztes Entwerfen und Konstruieren von elektronischen Produkten

CADIC
computer aided design of integrated circuits
computerunterstütztes Entwerfen und Entwickeln von integrierten Schaltungen

CADIS
Computer Aided Design Interactive System
Programmsystem der SNI zum Entwerfen und Konstruieren mechanischer Bauteile

CADMOS
Computerorientiertes Administrations- und Organisationssystem
Programmsystem für die Verwaltung von Schulen

CADOS
computer aided design of systems
computerunterstütztes Entwerfen und Planen für Organisatoren und Systemingenieure

CAE
1. common applications environment
standardisierte Anwendungsumgebung für die Vereinheitlichung offener Programmsysteme (X/Open)

CAGD
computer aided geometric design
computerunterstütztes Freihandzeichnen

CAI
1. computer aided industry
Gesamtheit der computerunterstützten Verfahrensabläufe im Industriebereich

2. computer assisted instruction
computergesteuerte Unterweisung, Unterrichtung

CAL
1. Common Assembly Language
allgemeine Assemblersprache, Maschinensprache zum Erstellen von Programmen

2. Computer Animation Language
höhere Programmiersprache zur Erstellung von beweglichen Computergrafiken

3. computer assisted learning
computerunterstützte Wissensvermittlung

4. computer aided logistics
computerunterstützte Logistik

5. Conversational Algebraic Language
höhere, dialogorientierte Progammiersprache zur Lösung technischer und wissenschaftlicher Aufgaben

CALAS
computer aided laboratory automation system
computerunterstützte Laborautomatisierung

CALM
collected algorithms for learning machines
Sammlung von Regeln zur Lösung von Aufgaben für Lernprogramme

CALS

*computer aided acquisition and
logistic support*
computerunterstützte internationale Standardisierung für
technische Dokumentationen

CAM

1. central address memory
zentraler Speicher eines Datenverarbeitungssystems zur Aufnahme von Speicheradressen

2. communication access method
Zugriffsverfahren der Datenfernübertragung

3. computer aided manufacturing
computerunterstützte Fertigung; zusammenfassende
Bezeichnung für die Aufgaben
(Angebotserstellung, Material-
wirtschaft, Kalkulation, Qualitätssicherung usw.) im Ferti-
gungsbetrieb

4. content addressable memory
Assoziativspeicher bei dem das
Aufsuchen der Informationen
durch Angabe dieser Informationen oder Informationsteile
erfolgt (inhaltsadressierter Speicher)

CAMAC

*computer automated measure-
ment and control*
automatisierte Meß- und Steuer-
technik

CAMEL

*Computer Assisted Education
Language*
höhere Programmiersprache
zum Erzeugen von Programmen
für den computerunterstützten
Unterricht

CAMP

*1. Compiler for Automatic
Machine Programming*
Übersetzer für die automatische
Programmierung

*2. computer assisted movie pro-
duction*
computerunterstützte Herstellung von bewegten Bildern

CAN

cancel
Geräte- bzw. Übertragungssteuerzeichen der Datenfernverarbeitung: löschen

CANS

computer assisted network system
computerunterstütztes Verwaltungssystem für Netze

CANUNET

*Canadian University Computer
Network*
Computernetz der Universitäten
Kanadas für wissenschaftliche
Aufgaben

CAO

*computer aided administration
and organization*
computerunterstützter Arbeitsplatz zur Lagedarstellung für die
Unternehmensleitung

CAP

1. computer aided planing
Programmsystem für das rech-
nerunterstützte Erstellen von
Fertigungsdaten

2. computer assisted production
computerunterstützte Produktion, Automatisierung in der
Fertigung

3. *computer aided publishing*
computerunterstützte Dokumentation; siehe auch CATP

CAPE
1. *computer aided plant engineering*
computerunterstützte Planung

2. *computer aided production engineering*
computerunterstützte Produktionsplanung und Entwicklung

CAPM
computer aided production management
computerunterstützte Produktionsplanung und Steuerung

CAPP
computer aided process planing
computerunterstützte Ablaufplanung

CAPS
computer assisted problem solving
computerunterstütztes Lösen von Problemen

CAPSC
computer aided production scheduling and control
computerunterstützte Produktionsplanung und Produktionssteuerung

CAQ
computer aided quality assurance
Programmsystem für die rechnerunterstützte Qualitätssicherung

CAQA
computer aided quality assurance
computerunterstützte Qualitätssicherung

CAR
channel address register
Kanaladressenregister, Register der Eingabe/Ausgabe-Steuerung einer Zentraleinheit zur Aufnahme von Adressen für die Kanalbefehle

CARAM
content addressable random access memory
Assoziativspeicher mit wahlfreiem Zugriff zu den gespeicherten Daten

CARDIS
Transportation Cargo Data Interchange System
Programmsystem zum Austausch von Informationen zwischen Speditionen

CARE
computer aided reliability estimation
computerunterstützte Zuverlässigkeitsbestimmung

CARO
Computer Antivirus Research Organization
weltweite Kooperation zur Identifizierung und Erforschung von Computerviren

CARS
computer aided routing system
computerunterstütztes Wegesteuerungssystem

CAS
1. *communication access system*
Kommunikationszugriffssystem

2. Computer Aided Selling
Programmsystem der SNI für
den computerunterstützten Verkauf

3. computer aided service
computerunterstützte Wartung

4. computer aided simulation
computerunterstützte Simulation

5. Controll Access System
computergesteuertes Zugangs-
überwachungssystem der IBM

CASD

computer aided system design
computerunterstützter Systementwurf

CASE

*1. computer aided software
engineering*
Programmsystem für die rechnerunterstützte Softwareent-
wicklung

*2. computer aided software
engineering environment*
computerunterstützter Soft-
warearbeitsplatz

*3. computer aided system
evaluation*
computerunterstützte System-
auswertung

CAST

*computer aided storage and
transportation*
computerunterstützte Lager-
und Transportverwaltung

CAT

1. character assignment table
Zeichenzuordnungstabelle

2. computer aided teaching
computerunterstützter Unterricht

3. computer aided telephony
computerunterstütztes Telefo-
nieren

4.computer aided testing
Programmsystem für das rechnerunterstützte Testen und Prüfen von Bauteilen

5. computer aided translation
computerunterstützte Übersetzung

CATE

computer aided test engineering
computerunterstützte Entwicklung von Teststrategien

CATP

*computer aided technical
publishing*
Programmsystem für die technische Dokumentation, Erstellung
von technischen Unterlagen

CATS

*1. computer aided teaching
system*
computerunterstütztes Unter-
richtssystem

*2. computer automated test
system*
automatisches Test- und Prüf-
system

CAU

command and arithmetic unit
Steuer- und Rechenwerk einer
Zentraleinheit: Teil des Rech-
ners in dem die Befehle ausge-
führt werden; siehe auch ACU,
ALU, BPU

CAW
channel address word
Kanaladreßwort, Adresse eines
Kanalprogramms für einen Eingabe /Ausgabe-Vorgang

CBEMA
*Computer and Business Equip-
ment Manufacturers Association*
Verband der Computer- und Bü-
romaschinenhersteller in den
USA; siehe auch ICOTT

CBC
CMOS bipolar CMOS
Basiszelle der Gate-Array-Tech-
nologie

CBT
computer based training
computerunterstütztes Lernen

CBX
computerised branch exchange
computergesteuerte Telekom-
munikationsanlage

CC
1. cable connector
Kabelanschluß, Anschluss für
periphere Geräte an einem
Rechner

2. chain command
Befehlskettung, Kettung von
Kanalbefehlswörtern für Einga-
be/Ausgabe-Vorgänge einer
Zentraleinheit

3. channel command
Kanalbefehl für Eingabe/Ausga-
be-Operationen einer Zentraleinheit

4. communications controller
Eingabe/Ausgabe-Steuerung
einer Zentraleinheit zur seriellen
Übertragung von Daten, Datenfernübertragungssteuerung

5. condition code
Bedingung bei einer Befehlsausführung

6. cyclic check
zyklische Prüfung; Prüfung von
gespeicherten Daten auf Lese-
fehler

CCB
*1. channel command (control)
block*
Teil eines Kanalprogramms
für Eingabe/Ausgabe-Vorgänge
einer Zentraleinheit

2. cyclic check byte
zyklisches Prüfbyte zur Erkennung und Korrektur von Lese-
bzw. Übertragungsfehlern

CCD
charge coupled device
integrierter Speicherbaustein,
der die Speicherstellen in einem
ladungsgekoppelten Schiebe-
register aufnimmt, das aus einer
Kette von Kondensatoren be-
steht

CCF
chain command flag
Kennzeichnung zur Kettung von
Eingabe/Ausgabe-Befehlen eines Kanalprogramms durch Fol-
geadressen; Teil des Betriebssystems einerDatenverarbeitungs-
anlage

CCI
Comité Consultatif International de l'Union Internationale des Télécommunications
internationaler Ausschuß von Fermeldeverwaltungen zur Ausarbeitung von Normenvorschlägen für die Nachrichtenübertragung

CCIA
Computer and Communications Industry Association
Verband der Computer- und Kommunikationsindustrie in den USA; siehe auch ICOTT

CCIR
Comité Consultatif International des Radio Communications
internationaler Ausschuß von Rundfunk- und Fernsehverwaltungen zur Ausarbeitung von Empfehlungen für die drahtlose Übertragung von Nachrichten

CCIS
Command and Control Information System
Informationssystem zur Führung und Leitung militärischer Einheiten

CCITT
Comité Consultatif International Télégraphique et Téléphonique
internationaler Ausschuß von Fernmeldeverwaltungen zur Ausarbeitung von Normenvorschlägen für die Nachrichtenübertragung

CCL
Commerce Control List
jetzige Liste der von dem Handelsgesetz der USA (Export Administration Act) erfaßten Waren; siehe auch ECCL

CCM
charge coupled memory
integrierter Halbleiterspeicher, der die zu speichernden Stellen in ladundsgekoppelten Schieberegistern aufnimmt, die aus einer Kette von Kondensatoren bestehen; siehe auch CCD

CCP
1. carbonless copying paper
mehrlagiges Kopierpapier ohne Kohlepapier

2. communications control program
Kommunikationssteuerungsprogramm für Datennetze

CCR
channel command register
Register der Eingabe/Ausgabe-Steuerung einer Zentraleinheit zur Aufnahme der Kanalbefehle

CCTA
Central Computer and Telecommunications Agency
Behörde in Großbritannien für Beschaffungsvorgänge der öffentlichen Hand; siehe auch GOSIP

CCU
1. central control unit
zentrale Steuereinheit eines Rechenwerks; siehe auch ALU

2. *communications control unit*
Datenübertragungseinrichtung
zum Austausch von Daten über
Datenübertragungsleitungen
zwischen geografisch getrennten
Orten

CCW
channel command word
Kanalbefehlswort zur Eingabe/
Ausgabe von Daten in den bzw.
aus dem Hauptspeicher einer
Datenverarbeitungsanlage

CD
1. *chained data*
Datenkettung im Kanalpro-
gramm einer Datenverarbeitungsanlage zur Übertragung
von mehreren Datenblöcke in
den oder aus dem Hauptspeicher

2. *compact disk*
Datenträger, dessen Informationen auf optischem Wege gelesen
werden; siehe auch CD-ROM

CDC
Control Data Corporation
Unternehmen der Datenverar-
beitungstechnik in den USA

CDF
Common Data File
allgemeines Datenfeld einer Prozessorchipkarte zur Aufnahme
nicht geheimer Daten

CDIL
ceramic dual-in-line
Gehäuseform von integrierten
Schaltungen; siehe auch CDIP,
DILIC

CDIP
ceramic dual-in-line package
Gehäuseform von integrierten

Schaltungen; siehe auch CDIL,
DILIC

CD-ROM
compact disk read only memory
optische Speicherplatte, von der
die Information nur gelesen werden kann; ihr Inhalt läßt sich
nicht ändern

CEB
Comité Electrotechnique Belge
Verband von elektrotechnischen
Unternehmen in Belgien

CeBIT
*Welt-Centrum Büro − Informa-
tion − Telekommunikation*
Austellungszentrum für die Da-
tenverarbeitung in Hannover;
Messe für Informationstechnik

CEMEC
*Committee of European
Associations of Manufactures
of Electronic Components*
Verband europäischer Bau-
elementehersteller

CEN
*Comité Européen de Normali-
sation*
europäischer Normungsverband

CENELEC
*Comité Européen de Normalisa-
tion Electrotechnique*
europäischer Verband für Normungen auf dem Gebiet der
Elektrotechnik

CEPEC
*Committee of European Associa-
tions of Manufactures of Passive
Electronic Components*
Verband europäischer Herstel-
ler von passiven Bauelementen

CEPT
Conférence Européenne des Administrations des Postes et Télécommunications
Zusammenschluß europäischer Post- und Fernmeldeverwaltungen

CERT
Computer Emergency Response Team
Einrichtung in den USA zur Erteilung von Auskünften in Fällen von unerklärlichem Verhalten von Informationssystemen

CES
C-Entwicklungssystem
System der SNI zur Programmentwicklung für Personal Computer im Rahmen der C-Sprache für das Betriebssystem SINIX

CFD
Computational Fluid Dynamics
Methode zur Simulation der Strömungsmechanik auf Supercomputern

CFH
COBOL File Handler
Dateiverwalter des COBOL-Compilers

CFOR
Conversational FORTRAN
dialogorientierter FORTRAN-Compiler

CGA
color graphics adapter
Verfahren zur Steuerung grafischer Einrichtungen im PC-Bereich

CGI
computer graphics interfaces
Schnittstellenbedingungen für grafische Eingabe/Ausgabe-Geräte

CHI
computer human interaction
Zusammenwirken von Mensch und Computer

CHIL
current hogging injection logic
Begriff aus der Schaltungstechnik; siehe auch CHL

CHILD
computer having intelligent learning and development
Computer aus dem Bereich der künstlichen Intelligenz mit entwicklungsfähigen menschlichen Eigenschaften

CHILL
CCITT High Level Language
vom CCITT entwickelte höhere Programmiersprache zur Erstellung von Software für Vermittlungseinrichtungen

CHKPT
checkpoint
Fixpunkt bzw. bedingter Programmstopp: Kennzeichen für den Wiederanlaufpunkt unterbrochener Programme

CHL
current hogging logic
Schaltung aus pnp- und npn-Übergängen aufgebauten Transistoren; siehe auch CHIL

CIA
computer interface adapter
Adapter zur Anpassung von unterschiedlichen Schnittstellen

CIAM
computer integrated and automated manufacturing
computerunterstützte Herstellung von Waren für alle mit der Fertigung zusammenhängende Bereiche

CICS
Customer Information Control System
Datenbanksystem der IBM

CID
1. computer integrated development
computerunterstützte Entwicklung von Produkten

2. computer integrated documentation
computerunterstützte Dokumentation

CIDAS
Conversational Interactive Digital/Analog Simulator
dialogorientiertes Simulationssystem für digitale und analoge Informationen

CIDP
computer industry development potential
Maßzahl für die Computerkapazität eines Landes

CIM
1. computer input microfilm
an einem Computer angeschlossenes Mikrofilmeingabegerät

2. computer integrated manufacturing
integrierte Anwendung des Computers in allen Bereichen der Fertigung

CIO
computer integrated office
computerunterstützte Bürotätigkeiten

CIOCS
Communications Input/Output Control System
Steuerungssystem der IBM für Datenfernübertragung

CIP
1. compatible independent peripherals
voneinander unabhängige und miteinander verträgliche Peripheriegeräte

2. customer information printer
Kontoauszugsdrucker für Geldinstitute

CIPS
Canadian Information Processing Society
Verband der Datenverarbeiter in Canada

CIS
communications information system
System zur Übertragung von Informationen

CISC
complex instruction set computer
ein mit einem umfangreichen Befehlsvorrat ausgestatteter Computer

CITAB
*computer instruction and training
assistance for the blind*
computerunterstützte Unterweisung und Ausbildung für Blinde

CKF
kohlefaserverstärkte Kunststoffe

CL
1. computational linguistics
computerorientierte Sprachforschung

2. control language
Steuersprache oder Kommandosprache zur Lösung von Aufgaben aus der Steuerungs- und
Regelungstechnik

CLCC
ceramic leaded chip carrier
Gehäuseform von integrierten
Schaltungen; siehe auch SMD

CLAB
*Computer Lösen Aufgaben aus
dem Bildungswesen*
Programmsystem der SNI für das
Schulwesen

CLASP
*Computer Language for Aero-
nautics and Space Programming*
höhere Programmiersprache für
die Luft- und Raumfahrttechnik
der NASA

CLCS
current logic current switching
stromgesteuerter integrierter
Schaltkreis

CLEARING
*System der Siemens AG zum
beleglosen Datenaustausch*

überbereichlicher Datenaustausch von internen und externen Daten der Auftragsabwicklung über normierte Schnittstellen; siehe auch BAV

CLICS
*Computer Linked Information
for Container Shipping*
computergesteuertes Informationssystem für den Container-
transport

CLR
1. clear
löschen; Löschtaste

2. computer language research
Forschung auf dem Gebiet der
Programmiersprachen

CLT
1. communications line terminal
Terminal, Datenendgerät

2. computer language translator
Übersetzer für Programmiersprachen

CLU
central logic unit
Rechenwerk, arithmetische Einheit einer Datenverarbeitungsanlage; Teil des Rechners, in
dem die Befehle ausgeführt werden; siehe auch ACU, ALU,
BLU, BPU

CM
central memory
Zentalspeicher, Hauptspeicher,
Arbeitsspeicher; Speicher, in
dem die Programme, Befehle
und Daten zur unmittelbaren
Ausführung bzw. Verknüpfung
hinterlegt sind; siehe auch HSP

CMC-7

caractère magnétique codé à 7 batonnets
Magnetschrift die im Rahmen der „International Organization for Standardization (ISO)" entwickelt wurde

CMF

command file
Datei, die vorbereitete Befehle bzw. Kommandos enthält

CMIS

Common Manufacturing Information System
allgemeines Informationssystem für Produktion und Fertigung von Waren

CML

current mode logic
Begriff aus der Schaltungstechnik

CMOS

complementary metal oxide semiconductor
integrierte Schaltung mit komplementären Transistoren, vorwiegend in der Speichertechnologie eingesetzt; Technik zur Herstellung von integrierten Schaltungen, bestehend aus Feldeffekttransistoren mit niedriger Verlustleistung und hoher Integrationsdichte

CMS

Conversational Monitor System
Betriebssystem der IBM

CMX

Communication Method SINIX
Transportzugriffssystem, Programmsystem der Datenfernübertragung für das Betriebssystem SINIX

CNC

computerized numerical control
Steuerung von Maschinen mit digitalen Daten

CNRS

Centre National de la Récherche Scientifique
nationales Forschungs- und Entwicklungszentrum in Frankreich

CNS

communications network system
Netz der Telekommunikation

COB1

COBOL-Compiler des BS2000 der SNI

COBOL

Common Business Oriented Language
höhere Programmiersprache für die Programmierung von Aufgaben aus dem kommerziellen bzw. verwaltungstechnischen Bereich

COC

coded optical character
codiertes optisches Zeichen

COCOM

Coordinating Committee for Multilateral Strategic Export Controls
Vereinigung aller Nato-Staaten (außer Island) einschließlich Australien und Japan zur Überwachung des Exports von strategischen Waren in kommunistische Länder

CODANSI
Programmsystem zum Umsetzen von CODASYL-COBOL-Programmen in ANS-COBOL-Programme

CODASYL
Conference of Data System Language
ursprüngliche Festlegung des COBOL-Sprachumfangs

COGO
Coordinate Geometry (Language)
höhere Programmiersprache für das Bauingenieurwesen

COIN
console interrupt request
Taste zur Programmunterbrechung an der Bedienungskonsole einer Zentraleinheit

COLT
1. communications line terminator
Abschluß einer Datenfernübertragungsleitung

2. computer oriented language translator
computergesteuerter Sprachübersetzer

3. control language translator
Übersetzer für die Kommandosprache

COLUMBUS
Programmsystem der SNI von Vorübersetzern und Dienstprogrammen für die strukturierte Programmierung

COM
computer output microfiche
Gerät zur Ausgabe von Computerdaten auf Mikrofilm

COMET
Computergestütztes Marketingorientiertes Entscheidungs- und Kontrollsystem
Software der SNI für betriebswirtschaftliche Aufgaben

COMPACT
computer planning and control technique
Netzplantechnik; grafische Darstellung von zeitlichen Abhängigkeiten zusammengehöriger Einzelheiten

COMPASS
Informationssystem Bremische Häfen
Datenbanksystem für den Schiffereibetrieb in Bremen

COMPSAC
International Computer Software and Applications Conference
internationale Konferenz für Computeranwendungen

COMSEC
communications security
Sicherung von Daten bei der Übertragung auf Leitungen

COMSL
Communications System Simulation Language
Simulationssprache für Datenübertragungssysteme

COMSOAL
Computer Method of Sequencing Operations for Assembly Lines
Verfahren zur Fließbandsteuerung mittels Computer

COMTRAN
Commercial Translator
höhere Programmiersprache der
IBM für die Lösung kommerzieller Aufgaben

COOL
Control Oriented Language
höhere Programmiersprache für
die Lösung steuerungstechnischer Aufgaben

COP
co-processor
Bezeichnung eines Prozessors
eines Mikroprozessorsystems
für spezielle Befehle

COPE
*Computer Performance
Evaluation*
Programmteil des BS2000 zur
Leistungsprognose von DV-Anwendungen

COPICS
Communications Oriented Production and Control System
Programmsystem, das die Steuerung und Überwachung der Produktion durch Computer auch
auf dem Wege der Datenfernübertragung ermöglicht

CORAL
*Computer Online Real-time
Applications Language*
höhere Programmiersprache
für die Lösung von Echtzeitaufgaben

CORTET
COBOL-orientierter Vorübersetzer für Entscheidungstabellen
Programmsystem der SNI

COS
1. compatible operating system
mit anderen Systemen kompatibles Betriebssystem der IBM

2. complementary switching
Komplementärschaltung in der
Schaltungstechnik

3. Corporation of Open Systems
Verband von führenden Computerherstellern der USA für internationale Normungsangelegenheiten

COS MOS
*complementary symmetric metal
oxide semiconductor*
integrierter MOS-Transistor in
symmetrischer Komplementärschaltung

COSINE
*Committee on Computer Science
in Electrical Engineering
Education*
Verband für Ingenieurausbildungen im Computerbereich in
den USA

COSMOS
*computer oriented system for
management order synthesis*
computergesteuertes System zur
Zusammenstellung von Managementanweisungen

COSY
Computergesteuertes Satzprogrammsystem
Programmsystem der SNI zur
automatischen Drucksatzherstellung

CP

1. card punch
Lochkartenstanzer; Gerät zur Herstellung von gelochten Karten zur Speicherung von Informationen

2. central processor
Rechenwerk, arithmetische Einheit einer Datenverarbeitungsanlage; Teil des Rechners, in dem die Befehle ausgeführt werden; siehe auch ACU, ALU, BPU, CLU, CPU

3. check point
Wiederanlaufpunkt bei Unterbrechungen in einem Programm

4. circuit package
Schaltungsgehäuse; Gehäuse zur Aufnahme integrierter Schaltkreise

5. communications processor
Rechner zur Lösung von Aufgaben der Datenfernübertragung

6. Customized Processor
Rechner der IBM zur Lösung kundenspezifischer Aufgaben

CP/CMS

Control Program Conversational Monitor System
Betriebssystem der IBM für den dialogorientierten Betrieb

CP/M

Control Program Microprocessor
Betriebssystem für Personal Computer

CPA

critical path analysis
Methode der Netzplantechnik zum Analysieren zeitlicher Zusammenhänge

CPC

computer process control
Regelung bzw. Steuerungen von industriellen Prozessen durch Computer

CPE

1. central processing element
Rechenwerk, arithmetische Einheit einer Datenverarbeitungsanlage; Teil des Rechners, in dem die Befehle ausgeführt werden; siehe auch ACU, ALU, BPU, CLU, CPU

2. computer performance evaluation
Leistungsermittlung bzw. Leistungsabschätzung von Datenverarbeitungsanlagen

cpi

characters per inch
Zeichen je Zoll; Zahl der Zeichen, die in horizontaler Richtung je Zoll gedruckt werden, engl. pitch

CPI

cycles per instruction
Anzahl der Zyklen, die zur Ausführung eines Befehls benötigt werden

cpl

characters per line
Zeichen je Zeile; siehe auch Z/ZL

CPL

1. Combined Programming Language
höhere Programmiersprache für die Lösung unterschiedlicher Aufgaben

2. current product line
aktuelle Produktlinie; Angebots- und Fertigungsspektrum eines Unternehmens

CPLD
complex programmable logic device
Baustein, der vom Anwender programmiert werden kann

CPM
critical path method
Methode der Netzplantechnik zum Erkennen kritischer zeitlicher Zusammenhänge von Einzeltätigkeiten

cpm
characters per minute
Zeichen je Minute; siehe auch Z/min

CPPS
critical path planning and scheduling
Methode der Netzplantechnik zum Erkennen und Planen des kritischen Pfads zeitlicher Zusammenhänge

CPS
critical path scheduling
Methode der Netzplantechnik zur Planung des kritischen Pfads zeitlicher Zuammenhänge

cps
characters per second
Zeichen je Sekunde; siehe auch Z/s

CPT
critical path technique
Methode der Netzplantechnik

zur analytischen und planerischen Behandlung des zeitkritischen Pfads

CPU
central processing unit
Rechenwerk, arithmetische Einheit einer Datenverarbeitungsanlage; Teil des Rechners, in dem die Befehle ausgeführt werden; siehe auch ACU, ALU, BPU, CLU

CQM
Class Queue Management
Verwaltungsprogramm, Teil des Betriebssystems DOS (Disc Operating System) der IBM

CR
1. carriage return
Geräte- bzw. Übertragungssteuerzeichen der Datenfernverarbeitung: Wagenrücklauf; auch CRC
2. credit
Kennzeichen für negative Zahlenfelder

CRAM
card random access memory
Magnetkartenspeicher mit wahlfreiem Zugriff

CRC
1. carriage return character
Geräte- bzw. Übertragungssteuerzeichen der Datenfernverarbeitung: Wagenrücklauf; auch CR
2. cyclic redundancy check
zyklische Redundanzkontrolle bei der Magnetbandaufzeichnung zur Erkennung und Kor-

rektur von Aufzeichnungsfehlern innerhalb einer Informationsspur

CRISP

complex reduced instruction set processor
Rechner bestehend aus einer Kombination von RISC- und CICS-Prozessoren

CR/LF

carriage return/line feed
Wagenrücklauf/Zeilenvorschub

CROM

control read only memory
Festwertspeicher; Nur-Lese-Speicher zur Steuerung von fest vorgegebenen Abläufen

CRS

computer reservation system
Reservierungssystem für Reiseveranstalter; Platzbuchungssystem

CRT

cathode ray tube
Kathodenstrahlröhre; Datensichtgerät mit Kathodenstrahlröhre

CRYOSAR

cryo-switching by avalanche recombination
Tieftemperatur-Schaltungstechnik, Bauelement in dieser Technik

CS

circuit switching
Durchschaltevermittlung der Nachrichtentechnik

CSB

channel status byte
Anzeige des Kanalzustandes einer Zentraleinheit bei Eingabe/Ausgabe-Vorgängen

CSC

customer self service center
Einrichtung zur Selbstbedienung für Flugreservierungen, Verkauf von Tickets und zum „check in" der Passagiere

CSDN

circuit switched data network
Leitungsvermittlung; durchschaltevermittelte Übertragungswege

CSIC

computer system interface circuits
Schnittstellenschaltung für Rechneranschlüsse

CSMA/CD

carrier sense multiple access with collision detection
Zugriffsverfahren für Mehrfachzugriffe innerhalb lokaler Netze der Ebene 1 und 2 nach der „Open System Interconnection (OSI)"

CSMP

Continuous System Modeling Program
Simulationsprogramm der IBM für Konstruktionszwecke

CSP

Cross System Product
Softwareentwicklungstools der IBM zur interaktiven Programmierung

CSS
computer scheduling system
Methode der Netzplantechnik

CSSL
Continuous System Simulation Language
höhere Programmiersprache zur Lösung von Aufgaben der kontinuierlichen Systemsimulation

CSTA
computer supported telephony application
Standardschnittstelle nach ECMA für die Nutzbarmachung von PBX-Funktionen für DV-Anwendungen

CSW
channel status word
Zustandsanzeige bei Ein/Ausgabe-Operationen einer Zentraleinheit

CT
1. Computertomographie, Computer-Röntgenschnittbildtechnik
Verfahren zur Abbildung von Körperschichten für die medizinische Diagnose, in welchem der Computer zum Aufbau der Bilder eingesetzt wird

2. cordless telephone
schnurloses Telefon

CTL
complementary transistor logic
integrierte Schaltung von n- und p-Schichttransistoren

CTP
composite theoretical performance
Berechnung der internen theoretischen Rechnerleistung in Millionen theoretischen Operationen je Sekunde zur Festlegung von Regeln für den Computerexport, früher PDR

CTR
Tabulating Recording Company
Vorläufer der IBM in den USA

CU
control unit
Steuereinheit, Steuerwerk, Leitwerk eines peripheren Gerätes

CUA
Computer Users Association
IBM Benutzervereinigung für Computersysteme

CUBE
Cooperation Users of Borroughs Equipment
Borroughs Benutzervereinigung für Computersysteme

CULT
Chinese University Language Translator
automatischer Sprachübersetzer von der chinesischen in die englische Sprache

CUP
communications user program
Anwenderprogramm mit Aufgaben für die Datenfernübertragung

CUSP
Customer Programming Language
höhere Programmiersprache im Umfeld der strukturierten Programmierung zur Lösung von Aufgaben aus dem Bürobereich

CUT
control unit terminal
Endgerät, dessen überwiegender
Logikteil sich in der Steuereinheit (control unit) befindet;
siehe auch DFT

CUTE
common use terminal equipment
Multiaccess-Workstation für die
wahlweise Kommunikation mit
Computersystemen von Flugge-
sellschaften

CWP
communication word processor
Rechner zur Verarbeitung von
Texten

CYBERNET
Computernetz der CDC in den
USA

D

DA, auch D/A
digital-to-analogue (englisch)
digital-to-analog (amerikanisch)
Umsetzung von digitalen in analoge Signale

DA
disk array
Anordnung von Plattenspeicher-
laufwerken zu kostengünstigen
Massenspeichern

DAA
direct access arrangement
Anordnung von Daten im Speicher für unmittelbare Zugriffe

DAB
Disk Access Buffer
Programmteil des BS2000 zur
Beschleunigung des Durchsatzes
in Verbindung mit Plattengerä-
ten großer Speicherkapazität

DAC
digital-to-analog conversion
Umsetzung von digitalen in analoge Signale; siehe auch DA

DACC
*direct access communications
channel*
Datenfernübertragungskanal
mit direktem Zugriff zum Hauptspeicher unter Umgehung der
Zentraleinheit

DACS
Data Acquisition Control System
Programmsystem zur Erfassung
von Daten

DAE

Datenanschlußeinheit
Steuerung zum Anschluß einer
Datenverarbeitungsanlage an
Telegrafienetze zur Übertragung
von Daten

DAG

Datenanschlußgerät
Einrichtung zum Anschluß einer
Datenverarbeitungsanlage an
Text- und Datennetze zur Über-
tragung von Daten

DAKS

Dateikatalogsystem
Teil des Betriebssystem zur Verwaltung von Dateien

DAL

digital access line
Leitung zwischen einer Zentraleinheit und einem Gerät zur
Übertragung digitaler Informationen

DAM

1. data addressed memory
Speicher, bei dem der Zugriff
bzw. die Adressierung mittels
der gespeicherten Daten erfolgt

2. direct access memory
Direkzugriffsspeicher: Speicher,
der den wahlfreien Zugriff zu
den gespeicherten Daten erlaubt

DAME

*Dynamic Administration
Management Environment*
zentrale und einheitliche Ver-
waltung der SNI von vernetzten
BS2000- und UNIX/SINIX-
Systemen

DAP

1. data acquisition and processing
Datenerfassung und -verarbei-
tung

2. distributed array processor
Mehrprozessorsystem mit verteilten Prozessoren zur Errei-
chung einer hohen Verarbeitungsleistung

DAPR

*digital automatic pattern
recognition*
programmgesteuerte Erkennung
digitaler Zeichen

DAR

Damage Assessment Routines
Programm der IBM zur Scha-
denerfassung

DARPA

*Defense Advanced Research
Projects*
Entwicklungsunternehmen des
Verteidigungsministeriums der
USA

DAS

1. data acquisition system
Datenerfassungssystem

2. Datenausgabesteuerung
Steuerung zum Anschluß eines
Ausgabegeräts an eine Zentral-
einheit

*3. Datensicherung im Rechen-
zentrum*
Programmsystem der SNI

4. direct access store
Speichergerät, das den wahlfreien Zugriff zu den gespeicherten Daten erlaubt

DASD
direct access storage device
Speichergerät, das den wahlfreien Zugriff zu den gespeicherten Daten erlaubt

DASDI
Direct Access Storage Device Initialization Program
Programm zur Initialisierung (Urladen) des Direktzugriffsspeichers

DASI
Datensicherung
Maßnahmen gegen Verlust und Verfälschung von Daten

DAST
Datenaustauschsteuerung
Verbindung zwischen Zentraleinheiten zum unmittelbaren Austausch von Daten

DAT
1. dynamic address table
Tabelle zur bedarfsabhängigen Platzzuweisung im Hauptspeicher für ein laufendes Programm bei der virtuellen Adressierung

2. dynamic address translation
bedarfsabhängige Adressenübersetzung für ein laufendes Programm bei der virtuellen Speichertechnik

3. dynamic allocation translator
bedarfsabhängige Speicherplatzzuweisung

DATA PLUS
höhere Programmiersprache für die Wiedergewinnung von Informationen bei Echtzeitverfahren

DATACOM
data communications
Übertragung von Daten über Datenfernübertragungsleitungen

DATEL
Data Telecommunications, Data Telephone, Data Telegraph
Datenübertragung und Datenfernverarbeitung der Deutschen Bundespost Telekom unter der Bezeichnung DATEL-Dienste

DATEPLAN
Data Tabulation and Editing Programming Language
höhere Programmiersprache für die Aufbereitung und Tabulierung von Daten

Datex
data exchange
für die Übermittlung von Daten eingerichteter öffentlicher Dienst der Deutschen Bundespost

Datex-L
data exchange-L
leitungsvermittelte Datenübertragung, Leitungsvermittlung

Datex-P
data exchange-P
paketvermittelte Datenübertragung, Paketvermittlung

DAVID
Dialogsystem für das Abfragen von Dateien im Datenfernverkehr
Programmsystem der SNI

DB

1. data base
Datenbank; Zusammenfassung
von Datenbeständen, auf deren
Daten nach unterschiedlichen
Kriterien zugegriffen werden
kann

*2. decimal to binary, auch „D-B"
geschrieben*
Umwandlung von dezimal dargestellten Zahlen in binär dargestellte Zahlen

DB2

Data Base Management System 2
Programmsystem der IBM für
Datenbanksteuerungen

DBA

data base administrator
Programmteil einer Datenbank
zur Verwaltung der Datenbestände

DBC

decimal to binary conversion
Umwandlung von dezimal dargestellten Zahlen in binär dargestellte Zahlen

DBD

*1. data base description,
descriptor*
Programme einer Datenbank
zur Beschreibung der logischen
Struktur der Daten

2. data base directory
Programmsystem zum Suchen in
einer Datenbank

DBMS

data base management system
Programmsystem zur Verwaltung einer Datenbank

DBOS

Disc Based Operating System
auf Plattenspeicher hinterlegtes
Betriebssystem

DBR

descriptor base register
Basisregister zur Aufnahme von
Hauptspeicheradressen für die
virtuelle Speicheradressierung

DBS

data base software
von CODASYL standardisierte
Software für Datenbanken

DBTG

Data Base Task Group
Arbeitsgruppe zur Standardi-
sierung von Datenbanken im
CODASYL

DC

1. data communications
Datenfernübertragung: Übertragung von Daten zwischen
DV-Geräten, die entfernt zueinander gelegen sind

2. device controller
Gerätesteuerung; Anpassung
eines Geräts oder mehrerer Geräte zum Anschluss an eine Zentraleinheit

3. direct current
Gleichstrom

4. disc controller
Steuerung zum Anschluß von
Magnetplattenspeicher an eine
Zentraleinheit

DCC

1. data communications channel
an eine Zentraleinheit angeschlossene Leitung zur Übertragung von Daten

2. device control character
Gerätesteuerzeichen; Anweisung des Kanalprogramms zur Steuerung von Abläufen in Eingabe/Ausgabe-Geräten einer Zentraleinheit

3. display combination code
Einrichtung des VGA-Adapters zur Erkennung des Bildschirmtyps; siehe auch VGA

DCCU

data communications control unit
Steuerung für an eine Zentraleinheit angeschlossene Datenübertragungsleitungen

DCE

distributed computing environment
nach OSF verteilte Verarbeitung von Daten auf Rechner verschiedener Systemarchitekturen in LANs

DCM

1. data communications method
Zugriffsmethode mit Hilfe der Datenfernübertragung für an Zentraleinheiten angeschlossene Datenstationen

2. data communications multiplexer
im Zeitmultiplexverfahren arbeitende Steuerung, mit deren Hilfe Datenübertragungsleitungen an eine Zentraleinheit angeschlossen werden

DCN

databases in computer networks
in einem Computernetz verteilte Datenbanksysteme

DCP

data communications processor
Rechner zur Steuerung der an eine Datenverarbeitungsanlage angeschlossenen Datenübertragungsleitungen

DCS

1. data communications system
Gesamtheit der Steuerung für an eine Zentraleinheit angeschlossene Datenübertragungsleitungen

2. Defense Communications System
militärisches Datenübertragungssystem der USA

3. Destination Control Statement
nach dem Handelsrecht der USA auf Rechnungen bzw. Lieferscheinen anzugebender Hinweis bezüglich der Exportgenehmigungspflicht der Waren

4. distributed computer system
Mehrrechnersystem mit örtlich verteilten Zentraleinheiten

5. dynamic channel subsystem
Einrichtung im Eingabe/Ausgabe-System einer Datenverarbeitungsanlage zur Verbesserung des Verhältnisses von CPU- und Eingabe/Ausgabe-Leistung

DCT

Discrete Cosinus Transformation
zweidimensionale Transformation, die in einer Reihe von Komprimierungsalgorithmen eingesetzt wird

DCTL

direct coupled transistor logic
integrierte Schaltung mit direktgekoppelten Transistoren

DCU

1. device control unit
Gerätesteuerung, mit deren Hilfe Geräte an eine Zentraleinheit angeschlossen werden

2. disc control unit
Steuerung, mit deren Hilfe Plattenspeicherlaufwerke an eine Zentraleinheit angeschlossen werden

DD

double density
doppelte Speicherdichte einer Diskette (floppy disk)

DDA

1. demand deposit accounting
Automatisierung des Zahlungsverkehrs

2. digital differential analyzer
digitale Differenziereinrichtung, Inkrementrechner

DDAS

digital data acquisition system
System zum Erfassen digitaler Daten

DDB

distributed data base
Datenbank, die auf örtlich verteilte Zentraleinheiten eines Mehrrechnersystems gespeichert ist

DDBMS

distributed data base management system
Verwaltungssystem für das Arbeiten mit einer gemeinsamen Datenbank auf örtlich verteilten Zentraleinheiten

DDC

1. Data Description Committee
Unterausschuß im CODASYL

2. digital-to-digital conversion, converter
Umsetzung von digital dargestellten Zahlen

DD/D

Data Dictionary/Directory
Katalogsystem der IBM zur Datenverwaltung innerhalb einer Datenbank

DDL

Data Description Language
an COBOL angelehnte Datenbeschreibungssprache zum Festlegen einer Datenbankform

DDP

1. digital data processor
Rechner, Zentraleinheit, Verarbeitungseinheit zur Verknüpfung digitaler Daten; siehe auch ALU, CPU

2. distributed data processing
Verarbeitung von Daten auf einem Mehrrechnersystem mit örtlich verteilten Zentraleinheiten

DDRS

digital data recording system
Gerät zum Aufzeichnen digitaler Daten

DDS

data display system
Gerät zur Anzeige von Daten

DDT

1. data description table
Tabelle zur Festlegung von Datenformen

2. dynamic debugging technique
Verfahren zur kontinuierlichen Fehlersuche

DDTE
digital data terminal equipment
digitale Datenendeinrichtung;
siehe auch DEE

DDTL
diode diode transistor logic
Schaltung für logische Verknüp-
fungen mit Diodenankoppelun-
gen des Transistors

DDTS
digital data transmission system
System zur Übertragung digitaler Daten

DE
data entry
Eingabe von Daten in ein Gerät,
in eine Datenverarbeitungsanlage

DEBAS
*Debitorenbuchhaltung im Bau-
steinsystem*
Programmsystem der SNI für betriebswirtschaftliche Aufgaben

DEBUG
debugging
Ablaufverfolgung, Ablaufver-
folger = debugger: Teil des Betriebssystems, das den Ablauf
von Programmen protokolliert

DEC
1. data exchange control
Datenaustauschsteuerung: er-
möglicht den unmittelbaren
Austausch von Daten zwischen
Zentraleinheiten

*2. Digital Equipment
Corporation*
Datenverarbeitungsunterneh-
men in den USA

DECAM
*data communications access
method*
Zugriffsmethode der Datenfernübertragung für an Datenstationen gleichzeitig arbeitende
und an einem Rechnersystem
teilnehmende Benutzer (Programmteil des BS2000)

DECT
*Digital European Cordless
Telephone*
europäische Norm für schnurlose Telefone

DEE
Datenendeinrichtung
Gerät zur Eingabe bzw. Ausgabe
von Daten im Fernbereich

DEFO
Datenerfassungsverordnung in
Deutschland; siehe DEVO

DEG
Datenendgerät
Gerät zur Erfassung von Daten
im Fernbereich

DEK
Dansk Eletroteknisk Komite
Verband elektrotechnischer Un-
ternehmen in Dänemark

DEKITZ
*Deutsche Koordinierungsstelle
für IT-Normenkonformitätsprü-
fung und -zertifizierung*

DEL
delete
Geräte- bzw. Übertragungssteuerzeichen der Datenfernverarbeitung: löschen

DELPHI

*Dispositions- und Entschei-
dungslehrspiel zur Planung in
Handel und Industrie*
Prorammsystem der SNI

DEOS

*Datenerfassungsorganisations-
system*
Programmsystem der SNI

DES

data encryption standard
der Öffentlichkeit zugängliche
Methode zur Verschlüsselung
von Daten zur gesicherten Übertragung, entwickelt vom „National Institute for Standards and
Technology" (früher „National
Bureau of Standards") der USA

DETAB/GT

*Decision Table/General
Translator*
Sprachübersetzer für Entschei-
dungstabellen

DETAB-X

Decision Tables-Experimental
Sprachübersetzer für in COBOL
geschriebene Entscheidungstabellen

DEU

data exchange unit
Steuerung zum unmittelbaren
Austausch von Daten und Pro-
grammen zwischen mehreren
Zentraleinheiten

DEVO

Datenerfassungsverordnung
Verordnung in Deutschland
über die Erfassung von Daten für
die Träger der Sozialversicherung und für die Bundesanstalt
für Arbeit; siehe auch DEFO

DF

disk file
auf einem Plattenspeicherlaufwerk gespeicherte Datei

DFA

Design for Assembly
Verfahren zur Entwicklung von
Produkten; siehe auch FMEA

DFG

*Deutsche Forschungsgemein-
schaft*
Forschungseinrichtung in
Deutschland

DF/HSM

data facility/hierarchical storage
Teil eines Betriebssystems zur
Verwaltung des Speicherplatzes

DFI

dynamic fault imaging
siehe DSA

DFL

Display Formatting Language
höhere Programmiersprache zur
Gestaltung von Formaten auf
Datensichtgeräten

DFPT

disc file protection table
Tabelle zur Belegung von Plat-
tenspeicherdateien, Teil eines
Betriebssystems

DFS

1. depth first search
bei Datenbanken eingesetzter
Suchalgorithmus in Baum-
struktur

*2. distributed file operation
system*
verteiltes, auf mehreren Rechnern ablaufendes Dateisystem

DFSP
Dünnschichtfilmspeicher
auf einem Trägermaterial aufge-
dampfte dünne Schichten mit
magnetischen Eigenschaften

DFT
*1. discrete Fourier transforma-
tion*
diskrete Fouriertransformation;
Rechenverfahren zur Ermittlung
der Zusammensetzung periodi-
scher Signale

2. distribution function terminal
Endgerät, dessen überwiegender
Logikteil sich im Gerät befindet;
siehe auch CUT

DFÜ
Datenfernübertragung
Übertragung von Daten zwischen DV-Geräten, die entfernt
zueinander gelegen sind; siehe
auch DC

DFV
Datenfernverarbeitung
Verarbeitung von Daten mit
DV-Geräten, die entfernt zuein-
ander gelegen sind

DFVLR
*Deutsche Forschungs- und Ver-
suchsanstalt für Luft- und Raum-
fahrt*
Einrichtung in Deutschland zur
Erforschung der Luft- und
Raumfahrt

DGFB
*Deutsche Gesellschaft für
Betriebswirtschaft*
Verband der Betriebswirte in
Deutschland

DH
*decimal to hexadecimal, auch
„D-H" geschrieben*
Umwandlung von dezimal dargestellten Zahlen in sedezimal
dargestellte Zahlen (hexadezimal = sedizimal = aus dem Zah-
lensystem mit der Basis 16)

DIADEM
*Dialogorientierte Daten-Ermitt-
lungsmethode*
Programmsystem der SNI

DIAL
*Display Interactive Assembly
Language*
Programmiersprache für Daten-
sichtgeräte von Digital Equip-
ment

DIBA
Dialog-BASIC
dialogfähige höhere Programmiersprache für Programmier-
anfänger

DIDACS
*digital data communications
system*
Übertragungssystem für digitale
Daten

DIF
data interchange format
standardisiertes Dateiformat zur
Übertragung von Daten zwischen Anwenderprogrammen

DIGICOM
digital communications system
digitales Nachrichten- bzw. Datenübertragungssystem

DIL

1. data in line, auch DIN
Leitung zur Eingabe von Daten
in eine Verarbeitungseinheit

2. dual-in-line
Gehäusetyp für integrierte
Schaltungen: Doppelreihengehäuse, dual-in-line package;
siehe auch DIP

DILIC

dual-in-line integrated circuit
integrierte Schaltung in einem
Doppelreihengehäuse

DIN

1. data in line
Leitung zur Eingabe von Daten
in einen Rechner

2. Deutsche Industrienorm
jetzt Deutsches Institut für Normung e. V. mit Sitz in Berlin

DIO

data input/output
Dateneingabe/Datenausgabe,
in einen Rechner ein- bzw. aus-
zugebende Daten

DIOGENES

*Dialogorientiertes Generierungs-
system zum Extrahieren, Struk-
turieren und Schreiben von Daten*
Programmsystem der SNI

DIP

dual-in-line package
24poliges Doppelreihengehäuse
zur Aufnahme integrierter
Schaltungen, auch DIL-Gehäuse
genannt

DISOSS

*Distributed Office Support
System*
Programmsystem der IBM für
die Automatisierung von an ver-
schiedenen Orten gelegene
Büros

DISPOS

Dienstprogrammsystem
Teil eines Betriebssystems

DITRAN

Diagnostic FORTRAN
Diagnosesystem für in
FORTRAN geschriebene Pro-
gramme

DIVA

*Dialogorientiertes Informations-
system zur Unterstützung der
Projektierung von Anlagen*
System der Siemens AG zur
durchgängigen Unterstützung
der Bearbeitung von Angeboten
bis zur Anlagendokumentation

DL

1. data length
Länge eines Datenfeldes

2. data link
Datenanschluß, Verbindung von
Datenfeldern

3. diode logic
integrierte Schaltungen mit aus
Dioden aufgebauter Logik

4. distribution license
Sammelgenehmigung der USA
für den Export von Waren

DL/1

Data Language One
höhere Programmiersprache

DLC

1. distribution license consignee
an einer Sammelgenehmigung
der USA teilhabender Expor-
teur

2. duplex line control
Steuerung zur gleichzeitigen
Übertragung von Daten auf ein-
er Leitung in beiden Richtungen

DLE

data link escape
Geräte- bzw. Übertragungssteuerzeichen der Datenfernverarbeitung: DÜ-Umschaltung

DLH

distribution license holder
Inhaber einer Sammelgenehmigung der USA für den Export
von Waren

DLL

Dynamic Linkage Loader
Programmteil des BS2000 zum
Laden und Binden von Program-
men

DLP

Data Listing Program
Programm zur Auflistung von
Daten

DLP

double layer polysilicon
Zweilagentechnik zur Herstel-
lung von integrierten NMOS-
Schaltungen

DLT

Decision Logic Translator
Programmsystem der Entschei-
dungstabellen-Technik

DMA

direct memory access
direkter Datenzugriff von Einga-
be/Ausgabe-Geräten zum
Hauptspeicher von Datenverarbeitungsanlagen unter Umgehung der Zentraleinheit

DMC

digital microcircuit
digitale Schaltung in Kleinstbau-
form

DML

Data Manipulation Language
Sprache zur Formulierung von
Anfragen an eine Datenbank;
Programmteil eines Datenbank-
systems

DMOS

double diffused MOS
Technik zur Herstellung integrierter MOS-Schaltungen

DMR

Data Management Routine
Programmsystem zur Verwaltung einer Datenbank

DMS

Data Base Management System
Programmsystem zur Verwaltung einer Datenbank

DNA

deoxyribonucleic acid
Genbausteine; deutsch DNS

DNC

direct numerical control
Steuerung einer Maschine durch
numerische Informationen

DNS
Desoxyribonuklein-Säure
Genbausteine; englisch DNA

DNSP
*Datenübertragungs- und Netz-
steuerungsprogramm*
Programmsystem der SNI für
Datenfernübertragungsauf-
gaben

DOC
decimal to octal conversion
Umwandlung von dezimal dargestellte in oktal dargestellte
Zahlen

DOCULITY
Programmsystem des BS2000
zur Aufbereitung von Texten

DOD
Department of Defense
Verteidigungsministerium der
USA in Washington DC

DOFIC
*domain originated functional
integrated circuit*
integrierte Schaltung

DOPOS
*doped polysilicon diffusion
technology*
Verfahren der Planartechnik zur
Herstellung integrierter Schaltungen

DOS
1. disc operating system
auf einem Magnetplattenspeicher hinterlegtes Betriebssystem

2. Disc Operating System
Betriebssystem für Personal
Computer der IBM und anderer
Hersteller

3. distributed operating system
auf mehreren Geräten hinterlegtes Betriebssystem

DOS/RS
*Disc Operating System/Real Sto-
rage*
auf einem Magnetplattenspeicher hinterlegtes Betriebssystem
für reale Speicheradressierung

DOS/VM
*Disc Operating System/Virtual
Memory*
auf einem Magnetplattenspeicher hinterlegtes Betriebssystem
für virtuelle Speicheradressierung; siehe auch DOS/VS

DOS/VS
*Disc Operating System/Virtual
Storage*
auf einem Magnetplattenspeicher hinterlegtes Betriebssystem
für virtuelle Speicheradressierung; siehe auch DOS/VM

DP
Datenübertragungsprogramm
Programmteil der Datenfern-
übertragung

DPB
*Datenübertragungs-Benutzer-
programm*
Anwenderprogramm mit Aufgaben für die Datenfernübertragung

DPCM
*differential pulse code
modulation*
Differenz-Pulscode-Modula-
tion, Verfahren zur Übertragung
von Informationen in Puls-Code-
Modulation; siehe auch PCM

DPE
data processing equipment
Einrichtung zum Verarbeiten
von Daten

DPG
Digital Pattern Generator
Programm zur Erzeugung digitaler Muster

DPI
dots per inch
Punkte je Zoll, Maß für die Auflösung grafischer Bildschirme

DPL
Design and Programming Language
höhere Programmiersprache
zum Entwerfen von Programmen

DPM
data processing machine
Rechner, Zentraleinheit, Datenverarbeitungsanlage; siehe auch
ALU, ACU, BPU, CLU, CPU,
ZE

DPN
data processing network
Computernetz mit mehreren
Rechnern einschließlich Datenfernübertragungseinrichtungen

DPS
1. data processing system
Datenverarbeitungssystem;
Zentraleinheit mit peripheren
Geräten, Betriebssystem und
Anwendersoftware

2. Distributed Programming System
Programmiersystem für örtlich
verteilt zu erstellende Programme

DPSS
Data Processing System Simulator
Programmsystem zur Simulation
von Datenverarbeitungssystemen

DQ
data quality
normale Druckqualität von
Druckgeräten; siehe auch NLQ

DQC
data quality control
Überwachung von Daten auf Zuverlässigkeit ihres Inhalts

DR
Drucker, Schnelldrucker
Ausgabegerät einer Datenverarbeitungsanlage

DRAM
dynamic random access memory
dynamischer Direktzugriffsspeicher, in dem die gespeicherte Information von Zeit zu Zeit regeneriert werden muß

DRO
destructive read out
Speicher, bei dem die Information beim Auslesen verloren geht

DROS
Disc Resident Operating System
auf einem Magnetplattenspeicher hinterlegtes Betriebssystem

DRTL
diode resistor transistor logic
integrierte Schaltung, deren Logik mit Dioden, Widerständen
und Transistoren realisiert ist

DS

1. data security
Datensicherung (Datenschutz
englisch: data protection oder
data privacy protection)

2. Datensichtstation
Gerät zur Darstellung von Daten
und Grafiken auf dem Bildschirm einer Kathodenstrahlröhre

3. digit select
Geräte- bzw. Übertragungssteuerzeichen der Datenfernverarbeitung

4. disc storage
Magnetplattenspeicher

5. double sided
beidseitig beschreibbare Diskt-
te (floppy disk)

DSA

1. digitale Subtraktions-
angiographie
Methode zur bildlichen Darstellung von Blutgefäßen alleine,
ohne Umgebungsgewebe; dazu
wird ein Röntgenbild des Körperteils im Normalzustand abge-
zogen von einem Röntgenbild
des Körperteils mit Kontrastmit-
tel im Blut, übrig bleibt nur das
Bild der mit Kontrastmittelblut
kenntlich gemachten Blutgefä-
ße. Diese Technik der vom Computer durchgeführten Bildsub-
traktion hat sich die IC-Analyse
zunutze gemacht. In der DFI-
Methode wird das Bild eines feh-
lerfreien IC (golden device) ab-
gezogen vom Bild eines zu prü-
fenden IC; ist der Bildinhalt
„leer", ist der IC fehlerfrei, an-
sonsten erscheint nur die fehler-
hafte Stelle

2. direct storage access
direkter Datentransfer zwischen
einem Gerät und dem Hauptspeicher einer Datenverarbeitungsanlage unter Umgehung
der Zentraleinheit

3. dynamic storage area
Speicherbereich des Hauptspeichers für dynamische Zuweisun-
gen während des Programm-
ablaufs

DSB

Datenschutzbeauftragter
entsprechend dem Bundesbeauf-
tragten für den Datenschutz;
siehe auch BDSB

DSC

disc storage controller
Steuerung für an Datenverarbei-
tungsanlagen anzuschließende
Magnetplattenspeicher

DSL

1. data set label
Markierung zur Erkennung von
Dateien

2. Data Simulation Language
Sprache zur Simulation von Sce-
narien für Problemlösungen

3. Data Structure Language
höhere Programmiersprache
bzw. Methode zur stufenweisen
Verfeinerung der zunächst um-
fassenden Beschreibung eines zu
programmierenden Systems

4. Development System Library
Bibliothek für Programment-
wicklungen

DSM

1. Disc Space Management
Programmsystem, Teil des Betriebssystems zur Verwaltung des Speicherplatzes auf Magnetplattenspeicher

2. Distributed System Management
automatisierte Software-Verwaltung, -Verteilung und -Installation in Netzen

DSR

Datenstationsrechner
Datenverarbeitungsanlage, die für Datensichtstationen Verarbeitungsaufgaben und Aufgaben der Datenfernübertragung wahrnimmt

DSS

1. Datensichtstation
Gerät zur Darstellung von Daten und Grafiken auf dem Bildschirm einer Kathodenstrahlröhre; siehe auch DS

2. decision support system
Teil eines Informationssystem, das dem Benutzer im Dialog mehrere Möglichkeiten zur Auswahl anbietet

3. digital signature standard
vom National Institute of Standards and Technology der USA festgelegtes Signaturverfahren für US-amerikanische Bundesbehörden

DSU

1. data storage unit
Speichereinheit

2. disc storage unit
Magnetplattenspeicher

DT

data terminal
Datensichtgerät, Datenendgerät

DTA

Datenträgeraustausch

DTARS

digital transmission and routing system
digitales Übertragungs- und Wegesteuerungssystem der Vermittlungstechnik

DTAS

data transmission and switching
Übertragungs- und Durchschaltesystem der Vermittlungstechnik

DTB

decimal to binary
Umwandlung von dezimal in binär dargestellte Zahlen

DTC

desk top computer
auf einem Tisch bzw. unter einem Tisch aufzustellender Rechner

DTE

data terminal equipment
Datenendeinrichtung, Datensichtgerät, Datenstation; deutsch DEE

DTL

Diode-Transistor-Logic
integrierte Schaltung, deren Logik aus Dioden und Transistoren aufgebaut ist

DTLZ
Dioden- Transistor-Logic mit Zehnerdiode
integrierte Schaltung, deren Logik aus Transistoren und Zehnerdioden aufgebaut ist

DTP
1. data transfer protocol
Datenübertragungsprotokoll, d.h. die für den Datenaustausch über eine Schnittstelle vereinbarten Regeln

2. desktop publishing
Programmsystem für Personal Computer mit hochauflösenden Bildschirmen zur Herstellung von Druckvorlagen, das die Kombination von Text und Grafik erlaubt

DTPL
domain tip propagation logic
Technik zur Herstellung integrierter Schaltungen

DTS
desktop system
alphanumerisches Terminal, Arbeitsplatzsystem oder Personal Computer zur Bereitstellung individueller Ressourcen am Arbeitsplatz

DU
1. digitale Unterschrift
zusammenfassender Begriff für elektronische Verfahren für eine geschützte Kommunikation

2. disc unit
Magnetplattenspeichergrät

DÜ
Datenübertragung
Übertragung von Daten zwischen DV-Geräten, die entfernt zueinander gelegen sind; siehe auch DC, DFÜ

DUAL
Dynamic Universal Assembly Language
maschinennahe Programmiersprache mit sofortiger Übersetzung

DÜE
Datenübertragungseinrichtung
Einrichtung zur Übertragung von Daten zwischen Sende- und Empfangsteil

DUET
Datenübertragungseinheit
Einrichtung zur Übertragung von Daten zwischen einer Zentraleinheit und Datenübertragungsleitungen

DUP
Disc Utility Program
Teil des Betriebssystems zur Bedienung von Magnetplattenspeicher

DÜVO
Datenübermittlungs-Verordnung
Verordnung über die Datenübermittlung auf maschinell verwertbaren Datenträgern im Bereich der Sozialversicherung und der Bundesanstalt für Arbeit

DV
Datenverarbeitung
Gebiet der elektronischen Verarbeitung von digitalen und analogen Daten

DVA

Datenverarbeitungsanlage
größere elektronisch arbeitende,
speicherprogrammierte Anlage
(Computer), zur Verarbeitung
von Daten; englisch: data processing equipment, data processing system

DVI

digital video interactive
integrierte multimedionale Verarbeitung von Informationen mit
Hilfe von Personal Computern

DVMA

direct virtual memory access
direkter Datenzugriff zum virtuellen Speicher von Datenverarbeitungsanlagen

DVR

Datenübertragungsvorrechner
Rechner zur Übertragung von
Daten zwischen einer Zentraleinheit und Datenübertragungsleitungen

DX, auch dx

duplex
gleichzeitige Übertragung von
Daten auf einer Datenübertragungsleitung in beiden Richtungen

DXC

data exchange control
Datenaustauschsteuerung, Einrichtung zum direkten Austausch von Daten zwischen Zentraleinheiten

DYCMOS

*dynamic complementary metal
oxide semiconductor*
integrierte Schaltung mit komplementären Transistoren, vorwiegend in der Speichertechnologie verwendet, bei der die gespeicherte Information von Zeit
zu Zeit regeneriert werden muß

DYSTAL

*Dynamic Storage Allocation
Language*
Programmiersprache für dynamische Speicherplatzzuweisung;
befehlsabhängiges Zuweisen
von Hauptspeicherbereiche an
Teile eines laufenden Programms

E

E/A

sowohl Eingabe, als auch Ausgabe
als Term „Eingabe/Ausgabe"
geschrieben, in Zusammensetzungen mit Bindestrich: der
E/A-Kanal = der Eingabe/Aus-
gabe-Kanal, auf dem sowohl Daten eingegeben, als auch ausge-
geben werden (vergl. dx)

EA

Eingabe und Ausgabe zusammengefaßt
auch als „Ein-Ausgabe" bezeich-
net, in Zusammensetzungen ist
„Eingabe" auszuschreiben: Geräte der Eingabe-Ausgabe-Peri-
pherie (englisch siehe IO)

EAA

Export Administration Act
Handelsgesetz der USA

EADAS

Eingabe/Ausgabe-System für alphanumerische Daten von FORTRAN-Anwenderprogram-men für Datensichtstationen
Programmsystem der SNI

EAE

Eingabe/Ausgabe-Einheit
Eingabe/Ausgabe-Gerät einer
Datenverarbeitungsanlage mit
zugehöriger Steuerung

EAK

1. DV-Anwenderkreis
Anwendervereinigung für Produkte der SNI: 8870/Quattro mit
dem Betriebssystem COMET

2. Eingabe/Ausgabe-Kanal
Einrichtung zur Übertragung
von Daten zwischen peripheren
Geräten und dem Hauptspeicher
einer Zentraleinheit

EAN

europäische Artikelnorm
maschinenlesbarer Code, Strich-
code zum Kennzeichen von Waren (Ursprungsland, Artikel-
nummer, Lieferantennummer,
Preis)

EAO

Eingabe/Ausgabe-Operation
Übertragung von Daten zwischen peripheren Geräten und
dem Hauptspeicher einer Zentraleinheit

EAP

Eingabe/Ausgabe-Prozessor
Rechner eines Datenverarbeitungssystems zur Steuerung der
Dateneingabe bzw. -ausgabe
zwischen peripheren Geräten
und dem Hauptspeicher einer
Zentraleinheit

EAPROM

electrically alterable pro-grammable read only memory
Halbleiterspeicher, bei dem eine
Änderung der gespeicherten In-
formation allgemein nicht mög-
lich ist. Die Einstellung bzw.
Veränderung der gespeicherten
Information erfolgt über soge-
nannte Programmiergeräte

EAR

1. Eingabe/Ausgabe-Register
Register zur kurzzeitigen Zwi-
schenspeicherung von Daten bei
Eingabe/Ausgabe-Vorgängen

2. *Export Administration Regulations*
zum Handelsgesetz der USA (Export Administration Act) gehörende Exportregeln

EAROM
electrically alterable read only memory
elektrisch änderbarer Halbleiterspeicher, der als Festwertspeicher verwendet wird

EAS
Eingabe/Ausgabe-System
Teil des Betriebssystems zur Steuerung von Eingabe/Ausgabe-Vorgängen

EASE
Engineering Automatic System for Solving Equations
Programmiersystem zur Lösung von mathematischen Gleichungen

EASL
Engineering Analysis and Simulation Language
höhere Programmiersprache für technische Analysen und Simulationen

EAU
extended arithmetic unit
erweitertes Rechenwerk einer Zentraleinheit

EAX
electronic automatic exchange
elektronische Vermittlungseinrichtung

EBAM
electronic beam addressed memory
durch einen Elektronenstrahl adressierter Speicher

EBCDIC
Extended Binary-Coded Decimal Interchange Code
Binärcode für die stellenweise Verschlüsselung von Dezimalziffern

EBDI
electronic business data exchange
Austausch von Daten mittels standardisierter Formate in den USA

EB-ROM
electronic book-ROM
optische Speicherplatte für Dokumentationsanwendungen; siehe auch CD-ROM

EC
error correcting
Einrichtung zur Korrektur von Fehlern

ECAD
electronical computer aided design
Programmsystem für rechnerunterstütztes Entwerfen in der Elektronik und im Elektroanlagenbau

ECAM
electronic centralised aircraft monitor
elektronisches Informations- und Überwachungssystem der Luftfahrttechnik

ECAP
Electronic Circuit Analysis Program
Programmsystem zur rechner-
gesteuerten Schaltungsanalyse
bzw. zur rechnergesteuerten
Schaltungsentwicklung

ECC
1. error correcting code
Fehlerkorrekturcode zur Erkennung und Korrektur von verfälschten Zeichen bei Übertra-
gungsvorgängen

2. error correction circuitry
Schaltung zur Erkennung und
Korrektur von verfälschten
Zeichen bei Übertragungsvor-
gängen

ECCL
*1. error checking and correction
logic*
Schaltung zur Erkennung und
Korrektur von verfälschten Zeichen bei Übertragungsvorgän-
gen

*2. Export Commodity Control
List*
bisherige Liste der von dem Handelsgesetz der USA (Export Administration Act) erfaßten Waren für Exportangelegenheiten;
jetzt CCL

ECCN
*1. Export Commodity Control
Number*
bisherige Klassifizierung der von
der Export Commodity Control
List (US-Handelsgesetz) erfaßten Waren für Exportangelegenheiten; siehe auch ECCL

*2. Export Control Classification
Number*
Klassifizierung der von der
Commerce Control List
(US-Handelsgesetz) erfaßten
Waren für Exportangelegen-
heiten; siehe auch CCL

ECCSL
*emitter coupled current steering
logic*
Technik emittergekoppelter
Schaltungen

ECDC
electrochemical diffused collector
Transistor mit elektrochemisch
diffundiertem Kollektor

ECI
*European Cooperation in
Informatics*
europäische Vereinigung von
Informatikern

ECL
emitter coupled logic
Logik für emittergekoppelte
Schaltungen mit hoher Schaltgeschwindigkeit und relativ
geringer Integrationsdichte

ECMA
*European Computer
Manufacturers Association*
Verband europäischer Com-
puterhersteller

ECP
emitter coupled pair
emittergekoppeltes Transisto-
renpaar

ECRC

European Computer-Industry Research Centere
Forschungszentrum auf dem Gebiet der Informationstechnik der Unternehmen BULL, ICL und SNI in München

ECSL

Extended Control and Simulation Language
erweiterte Kommando- und Simulationssprache

ECT

electronic cash terminal
elektronisches Kassenendgerät für den bargeldlosen Zahlungsverkehr

EDA

electronic design automation
Entwicklungsumgebung für den rechnergestützten Entwurf von Produkten

EDAC

error detection and correction
Schaltung zur Erkennung und Korrektur von Fehlern in Speichersystemen von Datenverarbeitungsanlagen

EDC

error detection and correction
Verfahren zur Erkennung und Korrektur von Fehlern bei der Übertragung von Daten

EDI

electronic data interchange
elektronischer Datenaustausch; Möglichkeiten des Datenaustauschs zwischen Informationsverarbeitungssystemen für Handelspartner über eine Leitung oder über Verbindungen

EDIFACT

Electronic Data Interchange For Administration, Commerce and Transport
grundlegende Regeln der Vereinten Nationen (UN) für den weltweiten und automatischen Datenaustausch (Geschäfts- und Handelsdaten) zwischen Herstellern, Exporteuren, Verkäufern, Wiederverkäufern, Händlern, Empfängern, Lieferanten, Banken, Versicherungen, Behörden usw. bezüglich Geschäftsvorgängen

EDIS

Engineering Data Information System
Datenbanksystem für technische Informationen

EDOR

Dateibearbeitungssystem
Programmteil des BS2000 zur Aufbereitung von Dateien

EDOS

Extended Disc Operating System
auf Magnetplattenspeicher hinterlegtes erweitertes Betriebssystem

EDP

electronic data processing
Verarbeitung von digitalen oder analogen Daten

EDPD

electronic data processing device
Gerät oder Anlage zur Verarbeitung digitaler oder analoger Daten

EDPE
electronic data processing equipment
Gerät, Einrichtung oder Rechner zur Verarbeitung digitaler oder analoger Daten

EDPS
electronic data processing system
System zur Verarbeitung digitaler oder analoger Daten

EDT
Editor
Teil des BS2000 zum Erstellen und Aufbereiten von Dateien

EDU
electronic display unit
elektronische Anzeigeeinheit

EDUTRONICS
computerorientierte Ausbildung

EDV
elektronische Datenverarbeitung
automatische Verarbeitung von Daten; siehe auch DV

EDVA
elektronische Datenverarbeitungsanlage
Rechner, Computer, Zentraleinheit, Anlage zur automatischen Verarbeitung von Daten; siehe auch DVA

EDVS
elektronisches Datenverarbeitungssystem
größere Anlage zur automatischen Verarbeitung von Daten

EECA
European Electronic Components Manufactures Association
Verband der europäischen Hersteller elektronischer Bauelemente

EECL
emitter-emitter coupled logic
Technik bipolarer Schaltungen mit emittergekoppelten Transistoren

EECMA
European Electronic Components Manufacturers Association
Verband europäischer Bauelementehersteller

EEP
end to end protocol
Übertragungsprotokoll zwischen Datenendgeräten

EEPLD
electrically erasable programmable logic device
elektisch löschbarer und anwenderprogrammierbarer Baustein

EEPROM
electrically erasable programmable read only memory
integrierter Festwertspeicher, dessen Information nur mit Hilfe eines sogenannten Programmiergeräts eingestellt bzw. geändert werden kann

EFCL
error free communication link
störungsfreie Verbindung (Vermittlungstechnik)

EFDA
European Federation of Data Processing Associations
europäische Vereinigung von Datenverarbeitungsverbänden; jetzt IVDA

EFIS
electronic flight instrument system
elektronisches Fluginstrumentensystem der Luftfahrttechnik

EFL
emitter follower logic
integrierte Schaltung mit Kollektorverstärker und gemeinsamen Emitterwiderstand

EGA
enhanced graphics adapter
Verfahren zur Steuerung grafischer Einrichtungen bei Personal Computern

EGV
elektronischer Geschäftsverkehr
weltweite Normung für den beleglosen (elektronischen) Geschäftsverkehr

EHP
effective horse power
1 HP = 0,7457 kW

EIA
Electronic Industries Association
Verband der Elektronikindustrie in den USA; siehe auch ICOTT

EIA-Code
8-bit-Code für numerisch gesteuerte Maschinen

EICAR
European Institute of Anti-Virus Research
europäische Kooperation von Anwendern, Forschern und Herstellern zur Bekämpfung von Sabotage-Software

EIS
1. Einkaufs-Informationssystem
System der Siemens AG zur Speicherung von Einkaufsstrukturen und über getätigte Bestellungen

2. extended instruction set
erweiterter Befehlssatz einer Datenverarbeitungsanlage

EISA
extended industrial standard architecture
Industriestandard für Personal Computer beruhend auf einem 32-bit-Datenkanal (Bus)

EJOB
European Joint Optical Bistability Project
europäisches Forschungsprogramm für ein Computersystem mit optischen Schaltelementen

EL
electroluminescent
Leuchtanzeige

ELECOM
electronic computer
elektronischer Rechner

ELOT
Hellenic Organization for Standardization
Organisation zur Normenfestlegung in Griechenland

ELSECOM

European Electrotechnical Sectoral Committee for Testing and Certification
Komitee für die Prüfung und Zertifizierung elektronischer Einrichtungen; siehe auch CENELEC, EOTC

ELSI

extra large scale integration
integrierte Schaltungen mit sehr hoher Packungsdichte von Bauelementen, mit Strukturen im Bereich $< 1\mu$ m

ELTEX

electronic time division telex exchange
elektronische Übermittlung von Fernschreiben im Zeitmultiplexverfahren

EM

end of medium
Geräte- bzw. Übertragungssteuerzeichen der Datenfernverarbeitung: Ende der Aufzeichnung

E-Mail

electronic mail
Einrichtung zur automatischen Verwaltung sowie zum Abschicken und Empfangen von Dokumenten

EMB

elektromagnetische Beeinflussung
electro/magnetic interference (EMI)

EMC

electro/magnetic compatibility
elektromagnetische Verträglichkeit (EMV)

EMFIS

Experimentelles Führungs- und Informationssystem
Programmsystem der SNI

EMI

electro/magnetic interference
elektromagnetische Beeinflussung (EMB)

EMIR

Programmsystem der SNI für ein einfaches Verfahren der Informationsgewinnung

EMP

electro/magnetic pulse
elektromagnetischer Impuls

EMS

1. electronic mail system
Programmsystem zur Übermittlung und Hinterlegung von Nachrichten zwischen Computerbenutzern an beliebigen Orten

2. extended maintenance service
erweiterter Kundendienst

EMV

elektromagnetische Verträglichkeit
electro/magnetic compatibility (EMC)

ENG

engine instruments
Bildschirm zur Anzeige für den Betriebszustand der Triebwerke eines Flugzeugs

ENGSPAN
automatischer Übersetzer von der englischen in die spanische Sprache

ENIAC
electronic numerical integrator and automatic calculator
einer der ersten ausschließlich elektronisch arbeitenden Rechner

ENQ
enquiry
Geräte- bzw. Übertragungssteuerzeichen der Datenfernverarbeitung: Kennungsabfrage, Stationsaufforderung, Aufforderung zur Datenübertragung

EO
elementary operation
Befehl eines Mikroprogramms; Mikrobefehl, Mikroanweisung

EOA
end of address
Geräte- bzw. Übertragungssteuerzeichen der Datenfernverarbeitung: Ende der Adresse

EOB
end of block
Geräte- bzw. Übertragungssteuerzeichen der Datenfernverarbeitung: Blockende, Ende des physikalischen Satzes

EOC
end of conversion
Geräte- bzw. Übertragungssteuerzeichen der Datenfernverarbeitung: Ende der Umsetzung

EOD
end of data
Geräte- bzw. Übertragungssteuerzeichen der Datenfernverarbeitung: Datenendemarkierung

EOE
electronic to optic to electronic
Einrichtung zur Umsetzung für elektronische in optische und optische in elektronische Signale

EOF
end of file
Geräte- bzw. Übertragungssteuerzeichen der Datenfernverarbeitung: Ende der Datei

EOI
end or identify
Geräte- bzw. Übertragungssteuerzeichen der Datenfernverarbeitung: Ende oder Identifizierung

EOJ
end of job
Geräte- bzw. Übertragungssteuerzeichen der Datenfernverarbeitung: Ende des Auftrags

EOL
1. end of line
Geräte- bzw. Übertragungssteuerzeichen der Datenfernverarbeitung: Zeilenende

2. Expression Oriented Language
funktional orientierte höhere Programmiersprache

EOLT
end of logical tape
Endemarkierung der auf einem Magnetband aufgezeichneten Daten

EOM

1. end of massage
Geräte- bzw. Übertragungssteuerzeichen der Datenfernverarbeitung: Ende der Datenübertragung

2. end of medium
Geräte- bzw. Übertragungssteuerzeichen der Datenfernverarbeitung: Ende der Aufzeichnung; siehe auch EM

EON

end of number control character
Prüfzeichen der Vermittlungstechnik: „Ende Rufnummer"

EOP

end of program
Geräte- bzw. Übertragungssteuerzeichen der Datenfernverarbeitung: Programmende

EOR

1. end of record
Geräte- bzw. Übertragungssteuerzeichen der Datenfernverarbeitung: Satzende

2. end of reel
Band- oder Lochstreifenrollen-
ende

3. exclusive or
exclusive ODER-Schaltung für
Zustandsvariable (Boolesche
Algebra)

EOS

Extended Operating System
Betriebssystem mit einem erweiterten Funktionsumfang

EOT

1. end of tape
Geräte- bzw. Übertragungssteuerzeichen der Datenfernverarbeitung: Bandende

2. end of track
Spurende

3. end of transmission
Geräte- bzw. Übertragungssteuerzeichen der Datenfernverarbeitung: Ende der Übertragung

EOTC

*European Organization for
Testing and Certification*
europäischer Verband für Zerti-
fizierung auf dem Gebiet der
Elektrotechnik; siehe auch
CENELEC, ELSECOM

EOV

end of volume
Ende der Datei

EP

1. Einstiegspaket
Betriebssystem mit grundlegen-
den Funktionen für die Steuerung eines Rechners

2. emulator program
Programm zur Nachahmung von
Eigenschaften anderer Daten-
verarbeitungsanlagen

EPD

electric power distribution
Netzverteiler

EPG

edit program generator
Programm zur Aufbereitung von
auszugebenden Daten

EPHOS
*Europäisches Beschaffungs-
handbuch für offene Systeme*
Normungen der Europäischen
Gemeinschaft auf dem Gebiet
der Informationstechnik und der
Telekommunikation; siehe auch
OSI

EPL
*extensible programming
language*
erweiterbare Programmier-
sprache

EPROM
*erasable and programmable read
only memory*
integrierter Speicherbaustein,
dessen Inhalt allgemein nur ab-
gefragt werden kann, die Einstellung bzw. Veränderung der
gespeicherten Informationen
erfolgt mittels sogenannter Programmiergeräte

ER
Eingaberegister
Register zur kurzzeitigen Auf-
nahme von zu speichernden
Daten

ERCC
*error checking and correction
code*
Fehlererkennungs- und Korrek-
turcode, der unter bestimmten
Bedingungen automatische Fehlererkennung und- korrektur ermöglicht

ERFOLG
*Ermittlungssystem für optimal
lukrative Geldanlagen*
Programmsystem der SNI für
Geldinstitute

ERFPIS
*Extended Range Floating Point
Interpretative System*
interpretierendes System für den
erweiterten Gleitkommabereich

ERNA
*elektronische, rechnergesteuerte
Nachrichtenvermittlungsanlage
der Deutschen Presseagentur*

ERNIE
*Electronic Random Numbering
and Indication Equipment*
Einrichtung zur Erzeugung und
Anzeige von Zufallszahlen,
Zufallszahlengenerator

ERRC
error character
Zeichen für die Fehlererkennung bei der Übertragung von
Daten

ES
*1. ESER-System auch RIJAD-
System*
gemeinsames Konzept der ehemaligen Ostblockstaaten zur
Entwicklung ihrer Datenverarbeitungsanlagen einer Familie;
siehe auch ESER

2. expanded storage
zwischen Haupt- und Plattenspeicher befindlicher Halbleiterspeicher zur Erhöhung der
Leistungsfähigkeit des Gesamtsystems

ESA
executive storage area
Speicherbereich für den Ablaufteil eines Betriebssystems

ESC

escape
Geräte- bzw. Übertragungssteuerzeichen der Datenfernverarbeitung: Umschaltung

ESER

*Einheitliches System der
Elektronischen Rechentechnik*
gemeinsames Konzept der ehemaligen Ostblockstaaten zur
Entwicklung einer Familie von
Datenverarbeitungsanlagen;
siehe auch ES

ESF

extended spooling facility
Erweiterung des Betriebs-
systems DOS zur Beschleunigung von Eingabe/Ausgabe-
Vorgängen

ESFI

epitaxial silicon films on isolators
Verfahren zur Herstellung integrierter MOS-Halbleiter-
speicher

ESMATIC

*Einheitliches System für Erfas-
sung, Aufbereitung und Ausgabe
von Meßwerten*

ESPRIT

*European Strategic Program for
Research and Development in
Information Technology*
gemeinsames Programm der Eu-
ropäischen Gemeinschaft zu
Forschung und Entwicklung in
Informatik und Informations-
technik

ESSAI

*Europaen Siemens Nixdorf
Supercomputer Application
Initiative*
Kooperationsprojekt der SNI
mit Universitäten zur Förderung
von Software aus dem europäischen Forschungsbereich für
Supercomputer, damit sie einem
breiten internationalen Kreis
von Benutzern zugänglich wird

ESSS

*Engineering Scientific Support
System*
Programmsystem der IBM für
technisch-wissenschaftliche
Aufgaben

ESTAB

Ebene Stabtragwerke
Programmsystem der SNI aus
dem Bereich der Statik

ETB

*end of text block, end of
tansmission block*
Geräte- bzw. Übertragungssteuerzeichen der Datenfernverarbeitung: Blockendezeichen

ETCI

*Electrotechnical Council of
Ireland*
Verband elektrotechnischer
Unternehmen in Irland

ETL

ending tape label
Ende des auf einer Magnetschicht aufgezeichneten Kenn-
satzes (Label)

ETM

end of tape marker
Ende der auf einer Magnetschicht aufgezeichneten Ab-
schnittsmarke

ETOS
Extended Tape Operating System
auf einem Magnetband hinterlegtes und erweitertes Betriebssystem

ETX
end of text
Geräte- bzw. Übertragungsteu-
erzeichen der Datenfernverarbeitung: Textendezeichen

EUCLID
*Easily Used Computer Language
for Illustrations and Drawings*
höhere Programmiersprache zur
Erstellung von Zeichnungen und
Illustrationen

EURATOM
Europäische Atomgemeinschaft
mit Sitz in Brüssel

EUREKA
*European Research
Coordination Agency*
Einrichtung zur Koordinierung
von Entwicklungsvorhaben zwischen Frankreich und Deutschland

eurobit
*European Association of Manu-
factures of Business Machines
and Information Technology
Industry*
europäischer Verband der büro-
und informationstechnischen
Industrie

EUROCOMP
*European Conference on
Research of Information Services
and Libraries*

EUROTRA
Programmsystem zur Sprach-
übersetzung der Europäischen
Gemeinschaft für Dänisch,
Deutsch, Englisch, Französisch,
Griechisch, Italienisch, Portu-
giesisch und Spanisch

EUUG
*European UNIX Systems User
Group*
Zusammenschluß der europä-
ischen UNIX-Systems-Users

EVA
*Echtzeitsystem für Vertriebs-
disposition mit Auskunftsdienst*
Programmsystem der SNI

EVI
*Erfassung und Verrechnung von
Ingenieurleistungen*
Programmsystem der Siemens
AG für die Zuordnung von ver-
trieblichen Personalleistungen

EVITA
*Ermittlung von Intensitäten und
Transportanschlüssen aus
Arbeitsplänen*
Programmsystem der SNI

EVR
electronic video recording
elektronische Aufzeichnung und
Speicherung von Bildern

EVU
Energieversorgungsunternehmen

EWH
expected working hours
die zu erwartende Betriebszeit
eines Geräts

EWS
elektronisches Wählsystem
elektronisch gesteuertes Ver-
mittlungssystem

EWSA
*analoges elektronisches
Wählsystem*
elektronisch mit analogen Informationen gesteuertes Wählsystem

EWS-BR
*elektronisches Wählsystem-
Betriebsrechner*
Rechner der Siemens AG für
Verwaltungsaufgaben des computergesteuerten Vermittlungssystems

EWSD
*digitales elektronisches
Wählsystem*
elektronisch mit digitalen Informationen gesteuertes Wählsystem

EXAPT
*1. Exact Automatic
Programming of Tools*
System zur Erstellung von
Programmen für numerisch
gesteuerte Maschinen

2. Vereinigung von Benutzern
der EXAPT-Programmier-
sprache für numerisch gesteuerte
Maschinen

*3. Extended Subset of APT
(Automatic Programming of
Tools)*
erweiterte Programmiersprache
zur Erstellung von Programmen

für numerisch gesteuerte
Maschinen

EXDAMS
*Extended Debugging and
Monitoring System*
erweitertes Fehlersuch- und
Überwachungssystem

EXE
externes Element
peripheres Gerät älterer Datenverarbeitungsanlagen

EXEC
executive extension
Erweiterung des zentralen Teils
eines Betriebssystems

EZM
*Entwicklungszentrum für
Mikroelektronik*
Entwicklungszentrum der
Siemens AG für Speicherchips
in Villach (Österreich)

F

FAA

Federal Aviation Administration
Flugsicherungsbehörde der USA

FACT

flexible automatic circuit tester
Einrichtung zum Testen von unterschiedlichen Schaltkreisen

FADP

Finnish Association for Data Processing
Verband für die Datenverarbeitung in Finnland

FAHQMT

Fully Automatic High Quality Machine Translation
System zur vollständigen automatischen Übersetzung von Sprachen

FAL

Financial Analysis Language
höhere Programmiersprache zur Lösung finanzieller Aufgaben

FALTRAN

FORTRAN to ALGOL Translator
Programm zur Umsetzung von FORTRAN- in ALGOL-Programme

FAM

fast auxiliary memory
Hilfsspeicher mit kurzen Zugriffszeiten

FAMOS

1. Flexible Automated Manufacturing and Operating System
Standardsoftware zur Unterstützung der Werkstattorganisation

2. floating-gate avalanche injection MOS
Transistor in MOS-Technik, bei dem durch den Avalanche-Effekt Ladungen auf das Gate getunnelt werden

FAPS

Financial Analysis and Planning System
Programmsystem für die Analyse und Planung von Finanzen

FASB

fetch and set bit
Verfahren für den Multiprozessorbetrieb zur Verhinderung von gleichzeitigen Zugriffen zu Daten

FASE

Fundamentally Analyzable Simplified English
Programmsystem zur Analyse der vereinfachten englischen Sprache

FAST

1. Facility for Automatic Sorting and Testing
Programmsystem zum automatischen Sortieren und Prüfen

2. Finger Print Access and Searching Technique
Programmsystem zum Auffinden von Fingerabdrücken und Vergleichen

*3. Formal Auto-indexing of
Scientific Texts*
Programmsystem zur automatischen Indizierung wissenschaftlicher Texte

FASTFOR
Fast FORTRAN
Version der problemorientierten
Programmiersprache
FORTRAN

FAT
Formular Assembler Translator
Programmsystem zum Assemblieren und Übersetzen von Formeln

FATS
*FORTRAN Automatic Timing
System*

FAX
facsimile transmission
Faksimileübertragung bzw.
Fernkopieren

FBG
Flachbaugruppe
Steckbaugruppe, Steckkarte,
plug-in-board, gedruckte Schaltung, printed circuit card,
printed circuit board

FC
1. file conversion
Dateiumwandlung

2. Freiburger Code
Code für den von Zuse entwickelten Rechner „Z23"

3. function call
Funktionsaufruf, Aufruf von
Funktionen eines Betriebssystems

FCC
*1. Federal Communications
Commission*
Fernmeldebehörde der USA

2. flight control computer
Datenverarbeitungsanlage zur
Überwachung des Flugverkehrs

FCFS
first come, first served
Abarbeitungen von „Aufträgen"
an ein Gerät oder Programm in
der Reihenfolge des Auftretens;
Begriff aus der Warteschlangentechnik

FCP
File Control Processor
Teil des Betriebssystems zur Unterstützung von Eingabe- und
Ausgabefunktionen anderer
Programme

FCPI
flux changes per inch
Anzahl der Flußwechsel je Zoll
auf einer Magnetschicht

FD
1. File Description
Teil eines Betriebssystems zur
Verwaltung von Dateien

2. floppy disk
Diskette; eine mit einer Hülle
versehene biegsame Magnetplatte

FD auch FDX oder fdx
full duplex
Duplexbetrieb; gleichzeitiges
Übertragen von Daten auf einer
Datenfernübertragungsleitung
in beiden Richtungen

FDDI
fiber distributed data interface
Standard in den USA für Daten-
fernverbindungen über Lichtwellenleiter

FDDRL
Fast Disk Dump and Reload
Teil des BS2000 zur physikalischen Sicherung von Magnetplatten

FDM
frequency division multiplexing
Verfahren zur Übertragung
mehrerer unahängiger, zeitlich
ineinandergeschachtelter Informationen

FDOS
Floppy Disk Operating System
auf einer Diskette (floppy disk)
hinterlegtes Betriebssystem

FDT
Field Definition Tables
Sprache zur Definition von
Datenfeldern

FE
1. finite element
Verfahren zur Berechnung komplexer Strukturen mit einer endlichen Anzahl von Elementen

2. format effector
Geräte- bzw. Übertragungssteuerzeichen der Datenfernverarbeitung: Formatsteuerung

FEAP
*FORTRAN Executive Assembly
Program*
Programm zur Übersetzung von
in FORTRAN geschriebene
Programme

FEC
Front End Control Program
Steuerungsprogramm für Daten-
endgeräte

FEM
Finite Elemente-Methode
Simulation von Prozessen bzw.
Unterstützung komplexer
Berechnungsverfahren

FEMPX
front end multiplexer
Datenendgerät mit Multiplex-
übertragung

FEP
front end processor
Rechner zur Abwicklung von
übertragungstechnischen Aufgaben eines Datenfernverarbei-
tungssystems

FET
Feldeffekttransistor
durch ein elektrisches Feld
gesteuerter Transistor

FF
1. fast forward
schnelles Vorwärtsspulen eines
Magnetbands durch ein Magnetbandgerät

2. first fit algorithm
Verfahren bei der Zuteilung von
Speicherbereichen

3. flip flop
ein rückgekoppeltes Speicher-
glied mit zwei eindeutig elektrisch unterscheidbaren Zuständen

FFL
First Financial Language
höhere Programmiersprache zur
Lösung von Aufgaben aus dem
Finanzwesen

FFP
Fast FORTRAN Processor
spezieller Rechner zur beschleunigten Bearbeitung von in FOR-
TRAN erstellten Programmen

FFT
Fast Fourier Transformation
Algorithmus zur Fourier-Trans-
formation

FHD
fixed head disk
Magnetplattenspeicher mit zu
den Magnetplatten gehörenden
Magnetköpfen

FIBAS
*Finanzbuchhaltung im Baustein-
system für Handel und Industrie*
Programmsystem der SNI für
Aufgaben der Finanzverwaltung

FICE
Finance Service
Programmsystem der SNI für Fi-
nanzdienstleistungen von z. B.
Banken und Sparkassen

FIDAC
*film input to digital automatic
computer*
Filmeingabegerät für Digitalrechner

FIFO
first in first out
Abarbeitung von „Aufträgen"
an ein Gerät oder Programm in
der Reihenfolge des Auftretens;

Begriff aus der Warteschlangentechnik

FILO
first in last out
Abarbeitung von „Aufträgen"
an ein Gerät oder Programm in
der umgekehrten Reihenfolge
des Auftretens; Begriff aus der
Warteschlangentechnik

FINAL
Financial Analysis Language
Programmiersprache zur Lösung
von Aufgaben aus dem Bereich
der Finanzverwaltung

FIT
failures in time
Anzahl von Ausfällen je Zeiteinheit

FITL
fiber in the loop
Kommunikationsnetz mit Anschlüssen an Lichtwellenleiter

FJCC
Fall Joint Computer Conference
Tagung der American Federa-
tion of Information Processing
Societies im Herbst jeden Jahres

FK
Flüssigkristall (Anzeige)
elektrooptische Anzeige; siehe
LCD

FL
fuzzy logic
Verfahren zum Definieren ma-
thematisch ungenauer Aussagen
oder Begriffe; angewendet im

Bereich der künstlichen Intelligenz

FLOP
floating octal point
Darstellung von Oktalzahlen in der Gleitkommarechnung

FLOPS
floating point operations per second
Maß der internen Leistung für Computer mit Gleitkommarechnung

FLOTRAN
Flowcharting FORTRAN
automatische Flußdiagramm-erstellung für FORTRAN-Programme

FLP
floating point
Gleitpunkt, Gleitkomma: bei der Gleitkommarechnung im Rechner festgelegte Darstellung von Gleitkommazahlen zur Verarbeitung großer Zahlen-bereiche

FLPL
FORTRAN List Processing Language
Programmiersprache zur Erstellung von Listen für FORTRAN-Programme

FLT
fault location technology
Verfahren zur Auffindung von Fehlern

FM
1. file maintenance
Wartung von Dateien

2. frequency modulation
Frequenzmodulation; Verfahren zur Übertragung von Informationen

FMC
flexible manufacturing cell
flexible Fertigungszelle: Digitalrechner zur Steuerung von Meß- und Werkzeugmaschinen; siehe auch FMS, FMU

FMEA
Failure Mode and Effects Analysis
Verfahren zur Entwicklung von Produkten

FMP
Fernschreibmultiplexer

FMPE
fast memory parity error
Paritätsfehlererkennung bei Lesevorgängen in einem Schnellspeicher

FMS
1. File Management Supervisor
Verwaltungssystem für unberechtigte Dateizugriffe

2. File Management System
alle mit dem Führen und Einrichten verbundenen Dateiverwaltungsaufgaben

3. flexible manufacturing system
flexibel arbeitende Meß- und Werkzeugmaschinen, die von einem Digitalrechner gesteuert werden; siehe auch FMC, FMU

FMU
flexible manufacturing unit
flexible Fertigungseinheit; Teil eines FMS

FNI
*Fachnormenausschuß
Informationsverarbeitung*
Festlegung von Fachnormen im
Deutschen Normenausschuß

FO
*Fernmeldeordnung der
Deutschen Bundespost Telekom*

FOCAL
*Formulating Online Calculations
in Algebraic Language*
höhere Programmiersprache zur
direkten Lösung algebraischer
Aufgaben

FOCUS
*Forum for Computer and
Communications Users of
Siemens Nixdorf*
Dachverband europäischer Ver-
eine von SNI-Computeranwen-
dern

FOIL
*File Oriented Interpretative
Language*
höhere Programmiersprache zur
Lösung von Dateiaufgaben,
deren Anweisungen vom Computer direkt (nicht in
Maschinensprache vorliegend)
ausgeführt werden

FOL
fiber optic link
Lichtwellenleiter

FOR1
FORTRAN 1
FORTRAN-Compiler des
BS2000

FORBLOC
*FORTRAN Compiled Block
Oriented Simulation Language*
durch einen FORTRAN-Compiler übersetzte Simulationssprache für den blockweisen Betrieb

FORGO
FORTRAN Load and Go
Programm zum Laden und zur
Ablaufsteuerung von in
FORTRAN geschriebenen
Programmen

FORMPLAG
Anwenderprogramm des
BS2000 zur dynamischen For-
matsteuerung

FORTE
file organization technique
Verfahren zur Verwaltung von
Dateien

FORTET
*FORTRAN-Entscheidungs-
tabellentechnik*
Programm des BS2000 der
FORTRAN-orientierten Ent-
scheidungstabellentechnik

FORTRAN
Formula Translator
auf der mathematischen Formel-
schreibweise aufbauende höhere
Programmiersprache, eingeführt
von der American Standard
Association als ASA Standard
Norm und von ISO und DIN
übernommen

FORTUNE
Programm des BS2000 für die
dynamische Analyse von in
FORTRAN geschriebenen
Programmen

FOSDIC
film optical sensing device for input to computer
Abtastgerät zur Eingabe von auf Filmen befindlichen Informationen in Computer

FP
1. Festplatte
Plattenspeicherlaufwerk mit nichtauswechselbarem Datenträger

2. file protect
Schutz gegen unberechtigte Dateizugriffe

3. fixed point
Festpunkt, Festkomma: bei der Festkommarechnung im Rechner festgelegte Stelle für den Dezimalpunkt

4. flat panel
flacher Bildschirm

FPL
Fuzzy Programming Language
Programmiersprache für die Fuzzy-Technologie; siehe auch FL

FPH
floating point hardware
Einrichtungen in Rechner, die auf Grund ihrer Bauweise Gleitkommaoperationen ausführen

FPL
Field Processing Language
Programmiersprache zur Lösung von Aufgaben für Datenfelder

FPP
floating point processor
Rechner zur Ausführung von Gleitkommaoperationen

FPU
floating point unit
Gleitkommaarithmetik eines Personal Computers realisiert in Mikroprozessortechnik

FROM
factory programmable read only memory
durch den Hersteller fest eingestellter Speicher zur Lösung von Steuerungsaufgaben

FS
1. Fernschreiber
Teletype, Teleprinter; siehe auch TTY

2. field separator
Geräte- bzw. Übertragungssteuerzeichen der Datenfernverarbeitung: Trennzeichen

3. file seperator
Steuerzeichen zur Trennung von Dateien

FSK
1. Fernschreib-Koppelelement
Steuerung zur Eingabe/Ausgabe von Daten in eine bzw. aus einer Datenverarbeitungsanlage für Geräte, die mit dem Fernschreibcode arbeiten

2. frequency shift keying
Frequenzumtastverfahren: Modulationsverfahren zur Übertragung von Daten

FSM
finite state machine
Rechner zur Lösung von Problemen mit einer endlichen Anzahl von zusammenhängenden Teilstrukturen

FT

1. fault tolerant
Einrichtung in einem Rechner
zur Fehlererkennung und
-behebung

2. File Transfer
Programm zur Übertragung von
Dateien zwischen unterschiedlichen Systemen unter Erhaltung
von Strukturen und Eigenschaften

FTAM

*File Transfer Access and
Management*
durch ISO genormtes Protokoll
(ISO Norm 8571) zur Übertragung von Dateien zwischen unterschiedlichen Systemen

FTFET

four terminal fieldeffect transistor
Feldeffektransistor mit vier Anschlüssen

FTP

file transfer protocol
standardisiertes Protokoll für
die Übertragung von Dateien
zwischen Computern oder zwischen einem Computer und
Datenstationen

FTZ

*Fernmeldetechnisches Zentral-
amt*
FE-Einrichtung der Deutschen
Bundespost mit Sitz in Darmstadt

FuE

Forschung und Entwicklung
research and development
(R&D)

FUS

FORTRAN Utility System
Hilfsprogramm für FORTRAN-
Programme

FW

*1. Festwertspeicher, auch read
only memory*
Speicher mit festeingestellten
Informationen

2. Festwort
Folge von Bits, Bytes oder
Zeichen, deren Anzahl (Wortlänge) für die Befehle einer Zentraleinheit fest vorgegeben ist

3. firmware
in einem Festwertspeicher enthaltene Programme bzw. Mikroprogramme, die eine multifunk-
tionale Hardware applikations-
spezifisch machen

FWL

fixed word length
Folge von Bits, Bytes oder
Zeichen, deren Anzahl (Wortlänge) für die Befehle einer Zentraleinheit fest vorgegeben ist

FX

foreign exchange
Fernwählamt zur Vermittlung
von Auslandsgespräche

G

GaAs
gallium arsenide
Halbleitermaterial zur Herstellung integrierter Schaltungen hoher Schaltgeschwindigkeit mit geringem Stromverbrauch und geringer Wärmeentwicklung

GaAsP
gallium arsenide phosphide
mit Phosphor dotiertes Galliumarsenid als Material für Halbleiterschaltungen

GAM
graphic access method
Zugriffsverfahren für gespeicherte grafische Informationen

GAMM
Gesellschaft für angewandte Mathematik und Mechanik
Deutschland

GAMM-MIX
von der Gesellschaft für angewandte Mathematik und Mechanik (GAMM) entwickelte Formel für den Leistungsvergleich unterschiedlicher Datenverarbeitungsanlagen bei der Lösung von technischen und wissenschaftlichen Problemen

GAN
global area network
weltumspannendes digitales Netz zur Kommunikation zwischen Arbeitsplatzsystemen, Personal Computern, Main Frame Computern, Datensichtstationen, Druckern, Dateien usw.

GAP
General Assembly Program
Programm zur Übersetzung von Assemblerprogramme

GAS
Berechnung von Gasnetzen
Programmsystem der SNI zur Lösung von Aufgaben der Energieversorgung

GASP
1. General Analysis of System Performance
Programmsystem zur Bewertung der Systemleistung

2. Graphic Applications Subroutine Package
Unterprogramm zur Lösung grafischer Aufgaben

GAT
1. Generalized Algebraic Translator
Übersetzer für algebraische Ausdrücke

2. Georgetown Automatic Translation
automatischer Übersetzer von der russischen in die englische Sprache

GATT
General Agreement on Tariffs and Trade
allgemeines Zoll- und Handelsabkommen der internationalen Handelsorganisation mit Sitz in Genf

GAZ
gleitende Arbeitszeit
System zur maschinellen Erfassung der gleitenden Arbeitszeit, Programmsystem der SNI

GC
Gas-Chromatograph
auch Gas-Chromatographie

GCCA
*Graphic Communications
Computer Association*
Verband für computer-
unterstützte Grafikanwendun-
gen in den USA

GCR
group coded recording
Aufzeichnungsverfahren mit
hoher Speicherdichte bei Magnetbandspeicher: die aufzuzeichnenden Informationen werden gruppenweise in einen Code
mit großer Redundanz umge-
schlüsselt

GDBMS
*Generalized Data Base
Management System*
Programmsystem zur Verwal-
tung einer universell einsetz-
baren Datenbank

GDBTG
*Generalized Data Base Task
Group*
Datenbankgruppe bei CODA-
SYL zur Erarbeitung von Emp-
fehlungen für den Aufbau und
Betrieb von Datenbanken

GDDM
Graphical Data Display Manager
höhere Programmiersprache der
IBM für Farbgrafik

GDN
*Gleichstrom-Daten-
übertragungseinrichtung für
niedrige Sendespannung*

Verfahren zur Übertragung von
Informationen auf Leitungen im
Nahbereich

GE
1. Gaussian Elimination
Gauss-Elimination; Algorithmus zur Lösung linearer Gleichungssysteme

2. greater than or equal to
arithmetischer Ausdruck, größer
oder gleich

GELOS
*Gewerbe- und Lohnsummen-
steuer*
Programm der SNI zur Berechnung und Zahlung der Gewerbe-
und Lohnsummensteuer

GEM
general epitaxial monolith
epitaxialer Einkristall

GENESIS
*generalisierter Einsatz natür-
licher Sprache zur eigen-
intelligenten Synthese integrierter
Systemkomponenten*
Programmsystem der SNI

GENTEX
general telegraph exchange
Fernschreibnetz der Behörden
der USA

GENUS
Baustein- und Generatortechnik
Programmsystem der SNI

GEROS
*General Routing Optimization
System*
Programmsystem zur Optimie-
rung der Transportwege

GERT
graphical evaluation and review technique
Verfahren der Netzplantechnik

GETA
Groupe d'Etudes pour la Traduction Automatique
automatischer Übersetzer der Universität Grenoble für die russische und französische Sprache

GFA
Glasfaser-Kanaladapter
Vorrichtung, durch die periphere Geräte und eine Zentraleinheit optische Übertragungsverbindungen über größere Entfernungen haben können

GFLOPS
giga floating point operations per second
Milliarde Gleitkommaoperationen je Sekunde; Maß für die interne Geschwindigkeit von Rechnern bei der Lösung technischer und wissenschaftlicher Aufgaben

GFRC
General File and Recording Control
Programmsystem zum Speichern und Wiederauffinden von Dateien

GHz
Gigahertz
Milliarde Zyklen je Sekunde

GI
Gesellschaft für Informatik e.V.
Sitz in Bonn

GIBSON-MIX
Kennzahl für den Vergleich von Geschwindigkeiten verschiedener Datenverarbeitungsanlagen bei der Lösung technischer und wissenschaftlicher Aufgaben

GIFS
generalized interrelated flow simulation
wechselbezogene Flußsimulation

GIFT
General Internal FORTRAN Translator
interner Übersetzer für in FORTRAN geschriebene Programme

GiGo
garbage in, garbage out
Bezeichnung für die Arbeitsweise mit überflüssigen Daten

GIM
Generalized Information Management System
Programmsystem zur Verwaltung von Datenbanken

GINFIS
Gemeindlich integriertes Finanzinformationssystem

GINO
Graphical Input and Output
Programmsystem zur Ein- und Ausgabe von grafischen Daten

GIPSY
Generalized Information Processing System
System zur Verarbeitung von Informationen

GIRL

Graph Information Retrieval Language
Programmiersprache zur Erstellung von Programmen für das Speichern und Wiederauffinden grafischer Informationen

GIRLS

Generalized Information Retrieval and Listing System
Programmsystem zum Wiederauffinden und Auflisten von Informationen

GIS

1. Generalized Information System
Informationssystem der IBM

2. Geo-Informationssysteme
Informationssysteme zu Verknüpfung zwischen verschiedenen Fachdisziplinen für die Erfassung, Speicherung, Darstellung und Verarbeitung flächen- oder raumbezogener Daten

GISP

General Information System for Planning
Informationssystem für Planungsaufgaben

GIS/VS

Generalized Information System/Virtual Storage
Informationssystem mit virtueller Speicheradressierung

GJE

Gauss-Jordan-Elimination
Algorithmus zur Lösung linearer Gleichungssysteme

GKS

1. Grafikschnittstelle
standardisierte Softwareschnittstelle für Grafikanwendungen im Bereich der Personal Computer

2. Grafisches Kernsystem
Programmsystem für das Erzeugen und Behandeln zweidimensionaler Grafiken

GLS

General Ledger System
Programmsystem für die Finanzbuchhaltung

GM

group mark
Gruppenzeichen, Gruppenmarkierung

GMAP

Generelles Makro-Assemblierungsprogramm
Programm für die Übersetzung von Makroanweisungen

GMD

Gesellschaft für Mathematik und Datenverarbeitung
Deutschland

GMIS

Government Management Information System
Informationssystem der Behörden der USA

GMR

Gesellschaft für Meß- und Regelungstechnik
Deutschland

GMSK
Gaussian Mean Shift Keying
Modulationsverfahren zur Übertragung von digitalen Daten auf einer Funkfrequenz

GMT
Greenwich Mean Time
westeuropäische Zeit, bezogen auf den Nullmeridian, der durch Greenwich verläuft

GMV
guaranteed minimum value
garantierter Minimalwert

GND
1. Galliumarsenid Element mit negativem Widerstand
LED-Element, Leuchtdiode

2. Ground
Bezeichnung für die elektrische Bezugsmasse; 0 Volt

GOAL
Generator for Optimized Application Languages
Programmsystem zur Erzeugung optimierter Programmiersprachen

GoDV
Grundsätze ordnungsgemäßer Datenverarbeitung
Grundsätze der ordnungsgemäßen Unternehmensführung, z. B. wie die DV zu organisieren, zu dokomentieren und zu überwachen ist

GOL
General Operating Language
Programmiersprache zur Lösung von Bedienungsaufgaben

GOLEM
Großspeicherorientierte, listenorganisierte Ermittlungsmethode
System der SNI zur Speicherung und Wiederauffindung von Daten beliebigen Formats, Inhalts und Länge

GOPS
giga operations per second
Milliarden Operationen je Sekunde; Maß für die interne Rechengeschwindigkeit

GOS
1. Global Operating System
Betriebssystem für Computernetze

2. Graphic Operating System
Betriebssystem für grafische Arbeitsplätze

GOSIP
Government Open Systems Interconnection Profile
Standardisierung von Computernetzen der USA und Großbritanniens

GOTO
Sprungbefehl
Maschinenbefehl einer Datenverarbeitungsanlage zur Programmverzweigung bzw. zur Realisierung von Programmschleifen

GPC
general purpose computer
Universalrechner, Mehrzweckrechner, geeignet zur Lösung von Aufgaben unterschiedlicher Art aus unterschiedlichen Bereichen

GPDC
general purpose digital computer
digitaler Universalrechner,
Mehrzweckrechner; siehe GPC

GPGL
*General Purpose Graphic
Language*
Programmiersprache zur Lösung
grafischer Aufgaben

GPL
*Generalized Programming
Language*
verallgemeinerte Program-
miersprache

GPLP
*general purpose linear
programming*
Rechenverfahren zur Optimierung eines Gesamtsystems auf
Grund linearer Zusammenhänge

GPMP
general purpose multiprocessing
Multiprozessorsystem mit Uni-
versalrechnereigenschaften

GPMS
*General Purpose Microprogram
Simulator*
universell einsetzbares Programmsystem zur Simulation
von Mikroprogrammen

GPOS
*General Purpose Operating
System*
universell einsetzbares Betriebssystem

GPR
general purpose register
Register einer Zentraleinheit
zur Verwendung für unter-
schiedliche Operationen

GPSC
general purpose control system
mehrfach einsetzbares Steue-
rungs- und Regelungssystem

GPSL
*General Purpose Simulation
Language*
Programmiersprache zur Simu-
lation von Netzen

GPSP
general purpose string processor
allgemein einsetzbarer Rechner
zur Verarbeitung von Folgen zu-
sammenhängender Daten

GPSS
*general purpose simulation
system*
allgemein verwendbares Simulationssystem

GR
Großrechner
große Rechenanlage, Supercomputer

GRADB
general remote access data base
universell verwendbare Datenbank mit Datenfernübertragungseinrichtungen

GRAF
*1. Graphic Addition to
FORTRAN*
Erweiterung von FORTRAN
zur Lösung von Aufgaben aus
dem Grafikbereich

2. Grafik
Programmsystem der SNI zur
Lösung von Aufgaben aus dem
Grafikbereich für Datensicht-
stationen

GRAPES

Graphisches Entwurfssystem (deutsch)Graphical Engineering Systems (englisch)
objektorientierte grafische Sprache zur Modellierung informationsverarbeitender Systeme und ihre Anwendung für das Systemingineering; Programmsystem der SNI

GRAPHDEN

Graphic Data Entry
System zur Eingabe grafischer Daten

GRASP

Generalized Retrieval and Storage Program
universell einsetzbares Programm zur Speicherung und Wiederauffindung von Daten

GRID

graphic interactive display
dialogorientiertes grafisches Datensichtgerät

GRIN

graphical input
Eingabe von grafischen Daten

GS

1. general storage
universell einsetzbarer Speicher

2. group separator
Geräte- bzw. Übertragungssteuerzeichen der Datenfernverarbeitung: Gruppentrennung

GSL

Generalized Simulation Language
universell einsetzbare Simulationssprache

GSM

Global System for Mobile Communications
Standard des europäischen Mobilfunksystems

GSP

1. Globalspeicher
ermöglicht zusammen mit einer unterbrechungsfreien Stromversorgung eine nichtflüchtige und schnelle Datenspeicherung

2. Graphic Subroutine Package
Programmsystem zur Lösung von Aufgaben aus dem Grafikbereich

GSVC

generalized supervisor call
universell einsetzbarer Befehl zum Aufrufen einer Systemfunktion des Betriebssystems

GTO

gate-turn-off-thyristor
Thyristor mit speziellem Steuergitter zum Zünden und Löschen

GTZ

Deutsche Gesellschaft für Technische Zusammenarbeit
Gesellschaft in Deutschland für technische Zusammenarbeit mit Entwicklungsstaaten mit Sitz in Eschborn

GUI

graphical user interface
grafische Bedienoberfläche

GUIDE

Guidance for Users of Integrated Data Processing Equipment
Benutzerorganisation der IBM mit Sitz in Genf

GUS

Guide to the Use of Standards
Normierung der „Standards Promotion and Application Group"
führender europäischer Computerhersteller

GUUG

German UNIX Users Group
Benutzervereinigung der UNIX-
Anwender in Deutschland

GW

Ganzwort
Folge von Bits, Bytes oder Zeichen, die von den Befehlen eines
Rechners zusammenhängend
verarbeitet werden kann

H

HA

half adder
Halbaddierer, logische Schaltung zur Addition von Dual-
ziffern ohne Berücksichtigung
des Übertrags zur nächst-
höheren Stelle

HADIS

*Halbleiterdisposition mit linear-
stochastischer Optimierung*
Programmsystem der SNI

HAFAS

*Auskunftssystem des Haftpflicht-
verbandes der Deutschen
Industrie*
Programmsystem für den
Versicherungsbereich

HAL

1. Dialekt der höheren Programmiersprache PL I, geignet zur
Lösung technischer, wissenschaftlicher und kommerzieller
Aufgaben

2. hot air levelling process
Verfahren zur Herstellung von
Leiterplatten

HAM

hardware associative memory
Assoziativspeicher, bei dem der
direkte Zugriff zu den gespeicherten Informationen durch
Angabe von Informationsteilen
erfolgt

H-B

hexadecimal to binary
Umwandlung von hexadezimal
in binär dargestellte Zahlen

HC
1. high current
Starkstrom

2. hybride computer
Zusammenschaltung von analogen und digitalen Einheiten zu einem Hybridrechner

HCMOS
high speed CMOS
schnelle CMOS-Schaltungstechnik; siehe auch CMOS

H-D
hexadecimal to decimal
Umwandlung von hexadezimal in dezimal dargestellte Zahlen

HD
1. hamming distance
Maß für die Sicherheit eines Codes gegen Fehler bei der Übertragung von Zeichen

2. hard disk
scheibenförmiger Magnetschichtspeicher mit starrer Magnetplatte

3. hexadecimal code
Code mit der Basis sechzehn auch Sedezimalsystem genannt

4. high density, auch HiD
hohe Speicherdichte einer Diskette (floppy disk)

HD auch HDX oder hdx
half duplex
Halbduplexbetrieb: Übertragung von Daten auf einer Datenübertragungsleitung wahlweise zu einem Zeitpunkt in nur einer Richtung

HDA
hard disk assemblies
Baugruppen für Festplattenspeicher

HDDR
high density digital recording
Aufzeichnung von digitalen Daten mit hoher Speicherdichte

HDLC
high level data link control
genormtes Verfahren zur synchronen Übertragung von Daten auf Datenfernübertragungsleitungen im Halbduplex- und Duplexbetrieb

HDLS
Hardware Description Language System
Programmsystem zur Beschreibung von Hardwarekonfigurationen

HDR
header-(label)
auf den Datenträger einer Magnetschicht aufgezeichnete Information zum Schutz gegen unberechtigtes Lesen oder unbeabsichtigtes Überschreiben

HECLINET
Health Care Literature Information Network
Computernetz für medizinische Literatur in den USA

HELP
Highly Extandable Language Processor
erweiterbarer Sprachprozessor

HEMT
high electron mobility transistor
in der Leistungsfähigkeit verbes-
serter MESFET-Transistor

HF
high frequency
Hochfrequenz

HfD
Hauptanschluss für Direktruf
Standleitung (Vermittlungstechnik) mit Rufnummernübertra-
gung

HGA
hercules graphic adapter
Hardware zur Steuerung grafischer Einrichtungen im PC-
Bereich; siehe auch HGC

HGC
hercules graphic card
Hardware zur Steuerung grafischer Einrichtungen im PC-
Bereich; siehe auch HGA

HIC
hybrid integrated circuit
integrierte Schaltung mit
diskreten Bauelementen

HICOM
integriertes Kommunikationssystem für Sprache, Text, Bild
und Daten der Siemens AG;
Nebenstellenanlage

HiD
high density
Speichermedium mit hoher Aufzeichnungsdichte

HIFO
highest in first out
Abarbeitung von „Aufträgen"
an ein Gerät oder Programm in
einer nach Prioritäten geordne-
ten Reihenfolge des Auftretens;
Begriff aus der Warteschlangentechnik

HiNIL
high noise immunity logic
Schaltkreistechnik mit geringer
Störanfälligkeit

HIPO
*hierarchy plus input-process-
output*
Entwurfs- und Dokumentations-
verfahren für die strukturierte
Programmierung

HIREL
high reliability
hohe Zuverlässigkeit

HISAM
*hierarchical indexed sequential
access method*
sequentielles Zugriffsverfahren
für hierarchisch organisierte
Dateien

HL
1. Halbleiter
Stoffe, die durch Dotierung mit
Fremdstoffen, Belichtung oder
Erwärmung leitend werden

2. header label
Dateianfangsetikett zur Kenn-
zeichnung des Anfangs einer
Datei

HLC
High Level Compiler
Übersetzer für problemorien-
tierte Programmiersprachen

HLL

1. High Level Language
problemorientierte Programmiersprache

2. high level logic
logische Schaltung größerer
Komplexität

HLL-SSP

*High Level Language - System
Support*
Programmsystem

HLTTL

*high level transistor - transistor
logic*
bipolare Schaltungstechnik
größerer Komplexität in TTL-
Technik

HMN

*Hamburger Methode der
Netzplantechnik*
Verfahren der Netzplantechnik

HMOS

high performance MOS
integrierte Schaltung mit hoher
Schaltgeschwindigkeit; siehe
auch CMOS, MOS, NMOS

HNIL

high noise immunity logic
Schaltung mit geringer Stör-
anfälligkeit, störeinflußsichere
Schaltungstechnik

HOREST

*Handelsorientierte Einkaufs-
disposition mit Saison- und
Trendberücksichtigung*
Programmsystem der SNI für
den Handel

HOS

hardwired operating system
in einem Festwertspeicher hinterlegtes, festverdrahtetes Betriebssystem

HP

Hewlett Packard Corporation
Hersteller von elektronischen
Einrichtungen mit Hauptsitz in
den USA

HPMS

high performance main storage
Hauptspeicher einer Daten-
verarbeitungsanlage mit kurzen
Zugriffszeiten

HRM

high reliability module
Baustein mit hoher Zuverlässigkeit

HS

1. Haftspeicher
Speicher, in dem die gespeicherte Information bei Stromausfall
nicht verloren geht (non volatile
storage)

2. Hauptspeicher
Arbeitsspeicher, Zentral-
speicher: Speicher mit dem der
Prozessor unmittelbar verkehrt

3. Hilfsspeicher
auxiliary memory, storage

HSA

high speed arithmetic
Teil des Rechenwerks einer Zentraleinheit zum beschleunigten
Abarbeiten arithmetischer Befehle; siehe auch SIU

HSD

1. hierarchically structured data set
hierarchisch strukturierter Datensatz

2. high speed data
Übertragung von Daten mit hoher Geschwindigkeit

HSDA

high speed data aquisition
schnelle Erfassung von Daten

HSDC

high speed data channel
Eingabe/Ausgabe-Kanal einer Datenverarbeitungsanlage mit hoher Übertragungsgeschwindigkeit

HSM

1. hierarchical storage manager
hierarchisch organisierte Speicherplatzverwaltung

2. high speed memory
Schnellspeicher; zusätzlicher Speicher einer Zentraleinheit mit kurzen Zugriffszeiten

HSP

1. Hauptspeicher
zentraler Speicher einer Datenverarbeitungsanlage

2. high speed printer
Schnelldrucker, Paralleldrucker zum Ausgeben von Daten aus einer Zentraleinheit auf Papier

HSS

high speed storage
Speicher einer Zentraleinheit mit kurzen Zugriffszeiten

HT

horizontal tabulation
Geräte- bzw. Übertragungssteuerzeichen der Datenfernverarbeitung: Horizontaltabulator

HTL

high threshold logic
Technik für Logikschaltungen mit hoher Schaltschwelle

HT-MOS

high threshold MOS
unipolare Metall-Oxide-Silizium Halbleitertechnik mit hoher Schaltschwelle

HTTL

high power transistor - transistor logic
bipolare Schaltkreistechnik in Transistor - Transistor - Logik mit hoher Leistungsaufnahme

HVSt

Haupvermittlungsstelle
zentrale Einrichtung des Telexnetzes

HW

1. Halbwort
Folge von Bits, Bytes oder Zeichen, deren Anzahl (Halbwortlänge) für die Befehle einer Zentraleinheit fest vorgegeben ist

2. hardware
materielle Ware, zusammenfassende Bezeichnung für die technischen bzw. physikalischen Teile einer Datenverarbeitungsanlage

I

I
1. Informationsentropie
Begriff aus der Informations-
theorie

2. integer
ganze Zahl, ganzzahlig

IA
1. immediate access
unmittelbarer Zugriff zu
gespeicherten Daten

2. indirekte Adressierung
Adressierung von Operanden
über einen Speicherplatz, in dem
die eigentliche Operanden-
adresse enthalten ist

IAC
1. immediate access memory
Speicher mit unmittelbarem,
direktem Zugriff auf die hinterlegten Daten

*2. International Algebraic
Compiler*
vereinheitlichter Übersetzer für
algebraische Ausdrücke

IACP
*International Association of
Computer Programmers*
internationale Verband der
Programmierer

IAD
*integrated automated
documentation*
zusammengefaßte per Pro-
gramm erstellte Dokumentation

IAL
*1. International Algebraic
Language*
vereinheitlichte, internationale
Programmiersprache für
algebraische Ausdrücke

2. Investment Analysis Language
Programmiersprache zur Lösung
von Aufgaben aus dem Bereich
der Investitionsanalyse

IAM
1. impuls amplituden modulation
Verfahren zur Übertragung von
Informationen

2. Integrated Asset Management
Programmsystem für den profes-
sionellen Anlageberater und
Vermögensverwalter zur Verwaltung, Überwachung, Analyse
und Dokumentation von Vermö-
gensanlagen

*3. interactive algebraic
manipulation*
dialogorientierte Bearbeitung
algebraischer Ausdrücke

IAPR
*International Association on
Pattern Recognition*
internationaler Verband für
genormte Mustererkennung

IAR
instruction address register
Register im Rechenwerk zur
Aufnahme von Befehlsadressen

IAS
1. immediate access storage
Speicher mit unmittelbarem,
direktem Zugriff

2. indicated airspeed
am Instrument angezeigte Geschwindigkeit eines Flugzeugs; siehe auch ADC,TAS

IATA
International Air Transport Association
internationaler Verband der Luftverkehrsgesellschaften

IAVD
Internationale Arbeitsgemeinschaft der Verbände für Dienstleistungen aus Datenverarbeitung und Informationstechnik
Arbeitsgemeinschaft in Deutschland

IBG
interblock gap
Blockzwischenraum; Zwischenraum von zwei aufeinanderfolgenden Blöcken auf einem Magnetschichtspeicher

IBI
Intergovernmental Bureau for Informatics
Einrichtung zur internationalen Koordinierung von Aufgaben der Informatik in Italien

IBM
International Business Machines Corporation
internationaler Büromaschinen- und Computerhersteller mit Sitz in den USA

IBN
Institute Belge de Normalisation
Institut zur Herausgabe von Normen in Brüssel

IBU
instruction buffer unit
Register im Rechenwerk zur Aufnahme von Befehlen

IC
1. instruction code
Code zur Verschlüsselung von Befehlen

2. instruction counter
Befehlszähler; Einrichtung im Rechenwerk zur Weiterschaltung der Befehlsadressen; siehe auch BZ

3. integrated circuit
integrierte Schaltung, elektronische Schaltung, deren Bauelemente und Verbindungen gemeinsam auf einem monolithischen Materialstück (meist Silizium) hergestellt werden, deutsch IS

ICAM
1. integrated communications access method
Zugriffsverfahren der Datenfernverarbeitung zu den zentralen Einrichtungen einer Datenverarbeitungsanlage

2. integrated computer aided manufacturing
computerunterstütztes Fertigungs-, Handhabungs-, Lagerungs- und Transportsystem

ICC
International Conference on Communications
internationale Veranstaltung für Übertragungstechniken

ICCC
International Council on Computer Communications
internationale Vereinigung für Datenfernübertragungstechniken

ICCS
Integrated Communications Cabling System
Verkabelungskonzept der SNI für Rechner

ICCU
inter computer communication unit
Einrichtung bzw. Steuerung zur direkten Kopplung von Rechnern

ICG
interactive computer graphics
dialogorientierte Herstellung von Computergrafiken

ICIP
International Conference on Information Processing
internationale Veranstaltung der Informationsverarbeitung

ICL
International Computers Ltd.
Computerhersteller mit Sitz in Großbritannien

ICOS
Integrated Cost Operation System
Programmsystem aus dem Bereich der Kostenrechnung

ICOT
Institute for New Generation Computer Technology
Einrichtung zur Erforschung neuer Computergenerationen in Japan

ICOTT
Industry Coalition on Technology Transfer
Dachverband verschiedener Einzelverbände in den USA

ICP
Internal Control Program
ein vom Handelsministerium der USA festgelegtes Programm (Auflagen) für Inhaber von Sammelausfuhrgenehmigungen

ICPL
initial control program load
nach dem Einschalten in einen Rechner einzugebendes Programm

ICU
instructor's computer utility
Einrichtungen für rechnerunterstützte Unterweisungen

ICU/PLANIT
Instructor's Computer Utility/-Programming Language for Interactive Teaching
Programmiersprache zur Lösung von Aufgaben aus dem Bereich der rechnerunterstützten Unterweisung

ID
identifier
Kennzeichen

IDA
1. integrated debugging aid
im System integriertes Programm zur Fehlersuche

2. Integriertes Verfahren für die Bestandsführung von Datenverarbeitungsanlagen und Geräten
Programmsystem der SNI

IDAK
Integriertes Datenverarbeitungs- und Auskunftssystem für die gesetzliche Krankenversicherung
Anwenderprogrammsystem des BS2000

IDF
1. identifier
Kennzeichen; siehe auch ID

2. integrated data file
im System integrierte Datei

IDFT
inverse discrete Fourier transformation
diskrete Fouriertransformation(DFT)

IDL
idle
ein sich im Wartezustand befindlicher Rechner, Leerlauf eines Geräts

IDMS
Integrated Data Base Management System
Programmsystem zur Datenbankverwaltung für alle anstehenden Aufgaben und Arbeiten

IDN
Integriertes Text- und Datennetz der Deutschen Bundespost Telekom
Netz zur Übertragung von Nachrichten in digitaler Form über Wählverbindungen

IDP
integrated data processing
Ausführung aller Aufgaben und Arbeiten von Programmen im Computer

IDS
1. Information and Documentation System
Programmsystem zur Speicherung von Informationen und zur Dokumentation

2. integrated data storage
zu einem System gehörender Datenspeicher

IDV
individuelle Datenverarbeitung
Anwendungsart, bei der der Anwender eines Systems direkt an seinem Arbeitsplatz in eigener Regie das Verfahren einer Aufgabenbearbeitung gestaltet und durchführt

IEB
integrierte elektronische Baugruppe
durch elektrische Verbindungen verschiedener integrierter Schaltungen auf einem Chip erzeugte Baugruppe

IECQ
IEC quality assessment system for electronic components
IEC-Gütebestätigungsverfahren für elektronische Bauelemente

IEEE
Institute of Electrical and Electronics Engineers
Normungsinstitut der USA

IEMP
internal electromagnetic pulse
elektromagnetischer Störimpuls
in elektronischen Schaltungen

IF
instruction field
Teil eines Maschinenbefehls zur
Hinterlegung der Befehlsverschlüsselung

IFAC
*International Federation of
Automatic Control*
internationaler Verband für die
automatische Steuerungs- und
Regelungstechnik

IFIP
*International Federation of
Information Processing*
internationale Vereinigung für
die automatische Verarbeitung
von Informationen

IFIPS
*International Federation of
Information Processing Societies*
internationale Vereinigung der
Gesellschaften für Informations-
verarbeitung

IFOR
Interactive FORTRAN
dialogorientierte FORTRAN-
Sprache zur Lösung technischer
und wissenschaftlicher Aufgaben

IGFET
*insulated gate field effect
transistor*
Feldeffekttransistor mit isolier-
ten Elektroden

IGS
1. integrated graphics system
zu einem System gehörende
Grafikeinrichtung

*2. Interaktive Grafische
Spool-Bedienung*
Teil des BS2000 zur grafischen
Überwachung der Spool-
Systeme in einem oder mehreren
Rechnern

IH
interrupt handler
Behandlung von Programm-
unterbrechungen in einer Zentraleinheit

IIL
integrated injection logic
bipolare Schaltungstechnik für
schnelle logische Schaltungen

IIOP
integrated input-output processor
zu einem System gehörender
Eingabe/Ausgabe-Prozessor

IIRS
*Institute for Industrial Research
and Standards*
Institut für industrielle For-
schung und Normierung in
Irland

IL/1
Implementation Language 1
Programmiersprache für die Er-
stellung von Systemprogrammen

ILAN
industrial local area network
digitales Netz innerhalb eines
örtlich begrenzten Bereichs für
Industrieanwendungen

ILC

1. instruction length code
Verschlüsselung zum Bestimmen der Befehlslänge eines Maschinenbefehls

2. instruction length counter
Einrichtung einer Zentraleinheit zum Bestimmen der Befehlsadressen

ILP

intermidiate language processor
Prozessor zur Verarbeitung von Programmen in einer Zwischensprache

ILS

instrument landing system
automatisches Landeverfahren der Luftfahrttechnik

IM

interactive mode
dialogorientierter Betrieb

IMD

Inhouse - Multiplexer - Datenübertragungseinheit
Steuerung zum Anschluß von Datenendgeräten an Personal Computer im Nahbereich

IMIS

Integrated Management Information System
Informationssystem zum Erzeugen von Führungs- und Entscheidungsdaten

IMITAC

image input to automatic computers
Einrichtung zur Eingabe von Bildinformationen in Datenverarbeitungsanlagen

IMKA

Interministerieller Ausschuß zur Koordinierung der elektronischen Datenverarbeitung in der Bundesverwaltung
Ausschuß mit Sitz in Bonn zur Koordinierung der Datenverarbeitung in der Verwaltung

IMMAC

inventory management and material control
Inventar- und Materialverwaltung

IMP

1. Impuls
durch Form, Amplitude und Dauer gekennzeichneter einmaliger Vorgang

2. intrinsic multiprocessing
systembedingter, echter Mehrprozessorbetrieb

IMPAC

industrial multilevel process analysis and control
Überwachung und Regelung industrieller Prozesse

IMPATT

impact avalanche and transit time
Schaltverhalten von Dioden

IMPL

initial microprogram load
nach dem Einschalten einer Datenverarbeitungsanlage in den Mikroprogrammspeicher einzugebendes Programm

IMR

interrupt mask register
Register der Verarbeitungseinheit zur Hinterlegung von Masken für Programmunterbrechungen

IMS
information management system
Datenbanksystem der IBM

IN
intelligent network
intelligentes Netz mit leistungs-
fähiger Zentralkanalisierung
und komfortablen Leistungs-
merkmalen

INDEX
Indirekter Export
Programmsystem der Siemens
AG für Exportabwicklungen

INEL
*Internationale Fachmesse für
industrielle Elektronik*
Messeort ist Basel (Schweiz)

INELTEC
*Internationale Fachmesse für
industrielle Elektronik und
Elektrotechnik*
Messeort ist Basel (Schweiz)

INEUM
*Institut für elektronische
Rechenanlagen*
Institut zur Koordinierung der
Anwendung von Datenverarbei-
tungsanlagen mit Sitz in Moskau
(UdSSR)

INFOL
Information Oriented Language
höhere Programmiersprache zur
Lösung von Aufgaben aus dem
Informatikbereich

INFOR
Interactive FORTRAN
dialogorientierte FORTRAN-
Sprache zur Lösung von Auf-

gaben aus dem technisch-wissenschaftlichen Bereich

INFPLAN
Planungs- und Kontrollsystem
zur Erstellung von Berichten,
Statistiken, Analysen und
Alternativplanungen,
Programmsystem der SNI

INFRAL
*Information Retrieval Automatic
Language*
höhere Programmiersprache zur
Lösung von Aufgaben aus dem
Bereich der Informationswieder-
auffindung

INRIA
*Institut National de Récherche en
Informatique et en Automatique*
Institut für Informatik und Auto-
matisierung in Frankreich; ehe-
mals IRIA

INSTARS
*Information Storage and
Retrieval System*
Programmsystem zur Informa-
tionsspeicherung und Wieder-
gewinnung

Intel
*Integrated Electronics
Corporation*
Hersteller von Mikroprozesso-
ren und integrierten Schalt-
kreisen mit Sitz in den USA

INTERKAMA
*Internationaler Kongreß mit
Ausstellung für Meßtechnik
und Automation*
findet in Deutschland statt

IO, I/O
input output
im Unterschied zum deutschen
EA bzw. E/A werden englisch
Zusammensetzungen für Eingabe und Ausgabe bei möglicher
Gleichzeitigkeit durch Bindestrich verbunden: input-output
periphery und input-output
channel (bei vollem dx); bei zeitlich getrenntem „entweder-
oder" wird „input/output line"
geschrieben, eine Leitung, auf
der entweder Eingabe oder Ausgabe in zeitlichem Wechsel erfolgt

IOA
input-output adapter
Anpassung einer Eingabe/Aus-
gabe-Schnittstelle an eine andere
Schnittstelle

IOB
1. input/output block
einzugebender bzw. auszu-
gebender Datenblock

2. input/output buffer
Puffer zur Zwischenspeicherung
ein- bzw. auszugebender Daten

IOC
input-output channel
Kanal einer Zentraleinheit zum
Ein-/Ausgeben von Daten

IOCP
input/output control program
Teil des Betriebssystems zur
Steuerung von Eingabe/
Ausgabe-Vorgängen

IOM
input-output multiplexer
im Zeitmultiplexverfahren
arbeitende Steuerung zum
Ein/Ausgeben von Daten

IOP
input-output processor
Steuerung, Prozessor, Eingabe/
Ausgabe-System einer Zentral-
einheit zum Ein-/Ausgeben von
Daten

IOR
input/output register
Speicher zur kurzzeitigen Aufnahme ein- bzw. auszugebender
Daten

IORL
*Input Output Requirement
Language*
grafische Darstellungssprache
für das Systemengineering. Auf
ihr basiert CADOS. Weiterent-
wicklung durch SNI zu GRAPES

IOS
input-output system
Eingabe/Ausgabe-System einer
Zentraleinheit

IOU
input-output unit
Eingabe/Ausgabe-System einer
Zentraleinheit

IP
1. information processing
Informationsverarbeitung

2. interactive processing
Verarbeitung von Daten im
Dialogbetrieb

IPC

1. industrial process control
Regelung und Steuerung industrieller Prozesse durch Computer

2. interprocess communications
Online - Kommunikation zwischen den Steuerungs-, Regelungs- und Überwachungseinrichtungen verschiedener parallel ablaufender Prozesse

IPE

information processing equipment
Einrichtung zur Verarbeitung von Daten

IPI

intelligent peripheral interface
internationaler Standard für Magnetplattenspeicherschnittstellen

IPL

1. Information Processing Language
Programmiersprache zur Lösung von Aufgaben aus der Prozeßdatenverarbeitung

2. initial program loading
nach dem Einschalten in eine Zentraleinheit einzugebendes Programm (Urlader, Programmlader)

IPM

information processing machine
Rechner, Computer, Datenverarbeitungsanlage

IPMB

Integriertes Programmsystem für Mittelbetriebe der Bauwirtschaft
Programmsystem aus dem Bereich der Bauwirtschaft

IPO

input-process-output
Begriff aus der strukturierten Programmierung

IPP

Integrierte Produktplanung und Produktsteuerung
Begriff aus dem Produktmanagement

IPS

interpretive programming system
Programmsystem zur Ausführung von nicht in Maschinensprache vorliegenden Anweisungen

ips

inch per second
Maßeinheit für die Transportgeschwindigkeit, Bandgeschwindigkeit eines Magnetbandes in einem Magnetbandgerät

IPSC

intel personal supercomputer
aus Mikroprozessoren realisierter Personal Computer hoher Leistung der Intel Corporation, USA

IPSJ

Information Processing Society of Japan
Verband zur Förderung der Datenverarbeitung in Japan

IPSOC

Information Processing Society of Canada
Verband zur Förderung der Datenverarbeitung in Kanada

IPU
instruction processor unit
Einrichtung in einer Zentraleinheit zur Befehlsverarbeitung; siehe auch CPU

IQS
interactive query system
ad-hoc-Auswertung und Änderung von Daten in einem Datenbanksystem

IR
1. index register
Register zur Änderung von in Befehlen enthaltenen Adressen

2. information retrieval
Verfahren zur Speicherung und Wiederauffindung von Informationen

3. interrupt register
Register in der Verarbeitungseinheit für die Aufnahme von Anforderungen zur Programmunterbrechung

IRED
infrarot emittierende Diode
meist hergestellt aus GaAs; sie emittiert Licht im nahen Infrarotbereich

IRIA
Institut de Récherche d'Informatique et d'Automatisme
frühere Bezeichnung des Instituts für Informatik und Automatisierung in Frankreich; siehe auch INRIA

IRIS
interactive real time information system
dialogfähiges Informationssystem für schritthaltende und durch äußere Ereignisse gesteuerte Verarbeitung von Daten

IRL
Information Retrieval Language
höhere Programmiersprache zur Lösung von Aufgaben aus dem Bereich der Informationswiedergewinnung

IRM
Information Resource Management
Datenwörterbuch, Programmsystem zur Steuerung informationsproduzierender Einrichtungen

IRMS
information retrieval and management system
Datenbanksystem zur Verwaltung und Wiederauffindung von Informationen

IRS
information retrieval system
Datenbanksystem zur Wiedergewinnung von Informationen

IS
1. index sequential
Verfahren für den Zugriff auf gespeicherte Daten mittels Indexlisten

2. information separator
Geräte- bzw. Übertragungssteuerzeichen der Datenfernverarbeitung: Informationstrennung

3. Informationssystem
System zur Speicherung und Verarbeitung von Daten

4. Integrierte Schaltung,
deutscher Terminus für IC

elektronische Schaltung, deren Bauelemente und Verbindungen in einem Herstellungsverfahren auf einem monolithischen Materialstück (meist Silizium) erzeugt werden

ISA

industry standard architecture
von der Industrie festgelegter Standard für Personal Computer

ISABEL

Integriertes System Automatischer Belegverarbeitung
Programmsystem der SNI für die automatische Verarbeitung von Belegen

ISAM

index sequential access method
Methode für den Zugriff auf gespeicherte Daten mittels Indexlisten

ISDN

integrated services digital network
öffentliches Wählnetz zur Übertragung von Sprache, Daten, Texte und Bildern in digitaler Form

ISEP

internationales Standard-Einschubprinzip
Normierung von Einschüben für elektronische Baugruppen

ISFET

ion sensitive field effect transistor
mit Ionen dotierter, durch ein elektisches Feld gesteuerter Transistor

ISFMS

Index Sequential File Management System
Programmsystem für die logisch fortlaufende Speicherung von Dateien mittels Indexlisten

ISI

Industrielles Steuerungs- und Informationssystem
Programmsystem der SNI für Aufgaben aus dem Bereich der Fertigungssteuerung

ISL

Information Search Language
höhere Programmiersprache zur Lösung von Aufgaben aus dem Bereich der Informationswiedergewinnung

ISM

Information System for Management
Informationssystem zur Steuerung und Verwaltung von Unternehmen

ISO

International Organization for Standardization
Internationale Normierungsorganisation mit Sitz in Genf (Schweiz)

ISO TC
ISO Technical Committee

technische Komitees der ISO, z. B. ISO TC 97 „Computer and Information Processing"

ISO/DIS

ISO Draft International Standard
Normenentwurf der ISO

ISV
independent software vendors
Anbieter von hardwareunabhän-
gigen Anwendungssystemen

ISVB
Informationssystem für
Verbrechensbekämpfung
Datenbanksystem des deutschen
Bundeskriminalamtes mit Sitz in
Wiesbaden, zur Unterstützung
bei der Aufklärung von Straf-
taten und Identifizierung von
Straftätern

IT
Informationstechnik
alle mit der Speicherung, Verar-
beitung und Übertragung von
Daten zusammenhängenden
Einrichtungen

ITAA
Information Technology Asso-
ciation of America
Verband der Informationstech-
nik in den USA; siehe auch
ICOTT

ITB
intermediate block check
Geräte- bzw. Übertragungssteuerzeichen der Datenfernverarbeitung: Zwischenblockprüfung

ITCS
Integrated Telephone Customer
Information System
Informationssystem für Fern-
sprechteilnehmer

ITIRC
IBM Technical Information
Retrieval Center
technisches Informations-
zentrum der IBM

ITR
internal throughput rate
Maß der IBM für die interne
Leistung eines Rechners

ITS
Integriertes Transportsteuerungs-
system
System zur Steuerung und Über-
wachung des Güterverkehrs der
Deutschen Bundesbahn

ITSEC
Information Technology Security
Evaluation Criteria
IT-Sicherheitskriterien für die
Prüfung und Bewertung der
Sicherheit von Informationsver-
arbeitungssystemen; für die Be-
wertung gibt es standardisierte
Qualitätsstufen: siehe Q0 bis Q7

ITT
International Telphon and
Telegraph Corporation
internationale Telefon- und
Telegrafengesellschaft der USA

ITTWC
ITT World Communications,
Inc.
Gesellschaft der ITT für den
internationalen Nachrichten-
verkehr

IuK
Informations- und
Kommunikationstechnik
Austausch von Sprache, Texten,
Bildern, Daten, Computerpro-
grammen über leistungsstarke
Netze mittels Heimterminals,
Arbeitsplatzrechnern, tragbaren
Personal Computern, Großrech-
nern usw., Abruf bzw. Übermitt-

lung von Programmen und Daten aus bzw. an Zentralrechner von beliebigen Orten

J

IVD
invalid decimal
ungültige, nicht im Code vorgesehene Ziffer

IVIP
Integriertes Verarbeitungs- und Informationssystem für Personaldaten
Datenbanksystem der SNI zur Bearbeitung und Verwaltung von Mitarbeiterdaten

IVL
individual validated license
Einzelausfuhrgenehmigung der USA für den Export von Waren

IWS
Intelligent Workstation Support
Programmsystem der IBM zur Steuerung von intelligenten Arbeitsplatzrechnern

JBCOUNT
job account
automatische Erstellung von Unterlagen für die in einem Rechenzentrum ausgeführten Aufträge

JCB
job control block
Steuerungsinformation zur automatischen Bearbeitung von Aufträgen in einem Rechenzentrum; siehe auch JIB

JCL
Job Control Language
Programmiersprache zur Lösung von Aufgaben der Steuerung und Verwaltung von Rechenzentrumsaufträgen

JCS
Job Control System
Programmsystem zur automatischen Steuerung von Rechenzentrumsaufträgen (ohne Eingriffe des Operateurs)

JCT
job control table
Tabelle zur Steuerung von Rechenzentrumsaufträgen

JECC
Japan Electronic Computer Center

JESA
Japan Engineering Standard Association
Verband zur Festlegung von Normen in Japan

JESSI

Joint European Submicron Silicon
Forschungszentrum für das europäische Mikrochipprogramm zum Entwerfen und Testen von hochintegrierten Schaltungen mit Strukturen $< 1 \mu$ m

JFET

junction field effect transistor
Feldeffekttransistor mit einer über einen pn-Übergang angeschlossenen Steuerelektrode

JGFET

junction gate field effect transistor
Feldeffekttransistor mit aus einem Gatter bestehender Steuerelektrode, auch JUGFET abgekürzt

JIB

job information block
Steuerinformation zur automatischen Bearbeitung von Problemen bzw. Aufträgen in einem Rechenzentrum; siehe auch JCB

JIT

just in time
Produktions- und Logistikstrategie zur Bedarfserfüllung zum richtigen Zeitpunkt, in richtiger Qualität und Menge am richtigen Ort

JJ

Josephson junction
bei extrem niedrigen Temperaturen arbeitende schnelle Halbleiterschaltungen

JMS

Job Management System
Programmsystem zur automatischen Abwicklung von Aufträgen für eine Datenverarbeitungsanlage

JOHNNIC

John von Neumann's Integrator and Automatic Computer
ein von John von Neumann entworfener programmgesteuerter Rechner, dessen Architektur auch heute noch den meisten Rechnern zugrundeliegt

JOKER

höhere Programmiersprache

JOL

Job Orientation Language
Sprache zur Lösung von Aufgaben für die Auftragsverwaltung eines Rechenzentrums

JOVIAL

Jules' On Version of Internal Algebraic Language
höhere von ALGOL abgeleitete Programmiersprache zur Lösung technischer und wissenschaftlicher Aufgaben

JPEG

Joint Photographic Experts Group
Komitee zur Erarbeitung von Standards für die Komprimierung von Standbildern

JSM

Job Stream Manager
System zur Verwaltung und Verfolgung von Aufträgen eines Rechenzentrums

JT
job table
Tabelle zur Steuerung von Rechenzentrumsaufträgen

JTIDS
Joint Tactical Information Distribution System
Führungssystem der Marine der USA

JUGFET
junction gate field effect transistor
Feldeffekttransistor mit aus einem Gatter bestehender Steuerelektrode, auch JGFET abgekürzt

JV
job variable
variable Daten zur Steuerung von Aufträgen eines Rechenzentrums

JVNC
John von Neumann Center
Informatikzentrum der Princeton University in Princeton, USA

K

KA
keyed address
verschlüsselte Adresse

KATERM
Kapazitätsplanungs- und Terminierungssystem
Programmsystem der SNI

KB
keyboard
Tastatur, Tastenfeld zum Eingeben von Ziffern, Buchstaben, Sonderzeichen in eine Datenverarbeitungsanlage und zum Auslösen von Funktionen über Funktionstasten

kbyte
Kilobyte, dezimal
ein kbyte hat 1000 Byte; entsprechendes gilt für kbit

Kbyte
Kilobyte, dual
ein Kbyte hat $2^{10} = 1024$ Byte; entsprechendes gilt für Kbit

KCL
Kirchhoff's Current Law(s)
Kirchhoffsches Gesetz (Gesetze)

KDBS
kompatible Datenbankschnittstelle
eine in Deutschland bei den Behörden eingeführte Schnittstelle für Zugriffe auf hierarchisch strukturierte Datenbanken

KDCS
kompatible Daten-
kommunikationsschnittstelle
Schnittstelle zur Kommunikation zwischen Anwender-
programmen und dem Trans-
aktionsmonitor eines Daten-
fernverarbeitungssystems

KDVZ
Kommunale Daten-
verarbeitungszentrale
gemeinsame Einrichtung zur
Verarbeitung von Daten der
Kommunen

KENIA
Kostenerfassung, Nachweis und
Abrechnung interner Aufträge
Programmsystem der SNI zur
Kostenverfolgung

KfK
Kernforschungszentrale
Karlsruhe
GmbH zur Erforschung der
Atomtechnik in Deutschland

KGRZ
Kommunales
Gebietsrechenzentrum
Rechenzentrumseinrichtung der
Kommunen

KHz
Kilohertz
tausend Zyklen je Sekunde

KI
künstliche Intelligenz
siehe AI

Kilopacs
thousand package switchings
Maß für die Übertragungs-
geschwindigkeit von Paket-
vermittlungssystemen

KL
key length
Schlüssellänge

KLDS
Kompatible Schnittstelle für
lineare Datenbanksysteme
Programmsystem zur Erstellung
von datenbankneutralen Programmen für die Verarbeitung
linearer Datenbankstrukturen

KOBRA
Kontrolle bei der Ausfuhr
computergesteuertes Kontrollsystem des Zollkriminalinstituts
mit Sitz in Köln, Deutschland

KON
Konsole
Bedienungsfeld, Bedienungspult

KONKORD
Kundenorientiertes System für
Kreditinstitute mit Online-
Datenerfassung und Real-time-
Disposition
Programmsystem der SNI für
Geldinstitute

KORDOBA
Kundenorientiertes Dialogsystem
für Bankgeschäfte
Programmsystem der SNI für
Standard-Bankanwendungen

KOSIMA
Kontrollen, Signale und
Maschinelle Analysen
Programmsystem der SNI

KS
Kellerspeicher
Register oder Speicherplätze im
Hauptspeicher, deren Inhalte

entgegengesetzt der eingespeicherten Folge aufgerufen werden können

KSR
keyboard send – receive set
Sende- und Empfangsplatz mit Tastatur

KV
Karnaugh-Veitch-Tafel
graphische Darstellung für Codes

kVA
Kilovoltampere
Energieeinheit für die Wechselspannung: 1kVA, d.h. 1000 Voltampere, ist ein Kilowatt

kW
Kilowort, dezimal
ein kW hat 1000 Worte

KW
Kilowort, dual
ein KW hat 2^{10} = 1024 Worte

KWOC
keyword out of context
Methode bei der Indexlistenerstellung zum schnellen Auffinden von gespeicherten Daten

L

L
1. Zeichen für eine binäre Eins bzw. für den physikalischen Zustand eines dualen Zustandspaares, der die binäre Eins verkörpert, z. B. positive Ladung, Spannung oder Strom vorhanden, Lochung, Magnetfluß rechtsorientiert usw.; siehe auch O

2. Kurzbezeichnung für die Induktivität

LAB
label
Block zur Identifikation und zum Schutz der aufgezeichneten Daten eines Magnetschichtspeichers

LABIV
Liefer-, Auftragsabwicklung-, Bestandsführung- und Informationssystem für Vertriebe
Programmsystem der Siemens AG für die Auftragsabwicklung

LAG
load and go assembler
Übersetzer zur unmittelbaren Übersetzung von Programmen in die Maschinensprache

LAMIS
Local Authority Management Information System
Informationssystem für kommunale Behörden

LAN

local area network
digitales Netz innerhalb eines
örtlich begrenzten Bereichs zur
Kommunikation zwischen Arbeitsplatzsystemen, Personal
Computern, Main Frame Computern, Textsystemen, Termi-
nals, Druckern, Dateien usw.

LAP

List Assembly Program
Programmiersprache für die
Zusammenfassung von Daten zu
in ihren Strukturen änderbaren
Listen

LAPTOP

tragbarer Personal Computer in
Form eines Aktenkoffers;
enstanden in Anlehnung der
Worte lap und dog (Schoßhund)

LARAM

*line addressable random access
memory*
spezielles Zugriffsverfahren für
ladungsgekoppelte Speicher,
CCD-Speicher

LARC

*Life Insurance Rates
Calculations*
Programmsystem zur Berechnung von Lebensversicherungs-
raten

LASER

*light amplification by stimulated
emission of radiation*
Lichtverstärkung durch erzwun-
gene Strahlungsemission;
Einrichtung zum Erzeugen von
Laserstrahlen

LASTFLUSS

Programmsystem der Siemens
AG zur Lastflußrechnung von
Stromnetzen

LATCH

local attached support processor
an einem Rechner angeschlossener Rechner zur Beschleunigung
des Datendurchsatzes

LB

local batch
Verarbeitung von im Rechenzentrum gesammelten Daten in
einem Schub bzw. in einem
Stapel, Stapelverarbeitung

LBR

laser beam recorder
Gerät für die Aufzeichnung mit
Laserstrahl

LBT

low bit test
Abfrage des niederwertigsten
Bit einer im Binärcode dar-
gestellten Zahl

LC

1. line of communication
Leitung zur Übertragung von
Informationen

2. liquid crystals
Flüssigkristalle mit änderbaren
optischen Eigenschaften; durch
Anlegen von Spannungen werden die Zustände durchsichtig
bzw. undurchsichtig erzeugt

3. lower case
Rückschaltung einer Tastatur
zur Kleinbuchstabenschreib-
weise

4. lower characters
Kleinbuchstaben

LCB
line control block
Steuerzeichen zur Zeilenfort-
schaltung

LCC
1. life cycle cost
Kosten während der Produkt-
lebenszeit

2. liquid crystal cell
Flüssigkristallzelle mit änderbaren optischen Eigenschaften
zur Darstellung von Zeichen

LCCC
leadless ceramic chip carrier
Keramikgehäuse für Chips

LCD
1. least common denominator
kleinster gemeinsamer Nenner;
mathematischer Ausdruck

2. liquid crystal display
Flüssigkristallanzeige mit änderbaren optischen Eigenschaften;
siehe auch LC

LCFS
last come, first served
Abarbeitung von Anforderungen bzw. Aufträgen an ein Gerät
oder Programm in der umgekehrten Reihenfolge ihres Ein-
gehens; Begriff aus der Warteschlangentechnik

LCM
1. large capacity memory
Speicher mit einer großen Kapazität; Großspeicher, Massenspeicher; siehe auch LCS

2. least common multiple
kleinstes gemeinsames Vielfa-
ches; mathematischer Ausdruck

LCP
language conversion program
Programm zur Übersetzung von
einer Programmiersprache in
eine andere

LCR
inductance capacitance resistance
Schaltkombination aus Induktivität, Kapazität und Widerstand

LCS
large capacity storage
Speicher mit einer großen Kapazität; Großspeicher, Massenspeicher; siehe auch LCM

LC/SLT
low cost solid logic technology
integrierte Schaltung mit geringe
Kosten

LCT
linkage control table
Tabelle zum Zusammenführen
mehrerer unabhängiger Programme

LCU
line control unit
Einrichtung zur Steuerung einer
Datenübertragungsleitung

LD
1. label definition
Festlegung von Etiketten zur
Identifikation und zum Schutz
von aufzuzeichnenden Daten

2. logarithmus dualis
Logarithmus zur Basis 2

LDDL
*Logical Data Definition
Language*
Sprache zur Festlegung von
Datenstrukturen

LDDS
low density data system
Speichermedium mit geringer
Aufzeichnungsdichte

LDL
logical data language
an Datenstrukturen orientierte
Programmiersprache

LDR
1. light dependent resistor
lichtabhängiger Widerstand

2. low data rate
Übertragung von Daten mit
geringer Geschwindigkeit

LDS
large disk storage
Magnetplattenspeicher mit
großer Speicherkapazität

LDSG
Landesdatenschutzgesetz
Landesdatenschutzgesetze der
16 Bundesländer Deutschlands;
siehe auch BDSG

LE
1. leading edge
Vorderflanke eines Impulses

2. less than or equal to
kleiner oder gleich; mathematischer Ausdruck,

3. Linkage Editor
Programm eines Betriebssystems zum Zusammenfügen
mehrerer unabhängig voneinander geschriebener Programme

LEADS
*Law Enforcement Automated
Data System*
Programmsystem zur Verfolgung von Straftätern

LEAP
*Language for the Expression of
Associative Procedures*
Programmiersprache zur
Beschreibung von Verfahrensinhalten

LEASY
*Lineares Eingabe/Ausgabe-
System*
Programm des BS2000 zur
Unterstützung von Dateizugriffsmethoden

LED
lichtemittiernde Diode
Leuchtdiode; lichtemittierendes
Bauelement, light emitting diode

LEDAS
*Lebensmittelhandel-,
Dispositions- und Abrechnungs-
system*
Programmsystem der SNI für
den Einzelhandel

LEDT
limited entry decision table
Entscheidungstabelle mit
begrenzten Eingängen

LEIKA
Programmsystem der Siemens
AG zur Berechnung von
Leitungskonstanten bei
Hochspannungsleitungen

LESS
*Least Cost Estimating and
Scheduling System*
Programmsystem zur Schätzung
und Planung von Kosten

LF
line feed
Geräte- bzw. Übertragungssteuerzeichen der Datenfernverarbeitung: Zeilenvorschub

LFS
logical file system
auf logischen Zusammenhängen
basierendes Dateisystem

LFU
least frequently used
Algorithmus zum Austausch von
Seiten bei virtuellen Speichersystemen

LGA
land grid array
Gehäuse für hochintegrierte
Schaltungen

LHS
left hand side
linke Seite einer (Un-)
Gleichung

LIC
linear integrated circuit
integrierte Schaltung mit linearer Logik

LIDIA
Lernen im Dialog
Programmsystem der SNI für
computergeführte Unterweisungen

LIFO
last in, first out
Abarbeitung von Anforderungen bzw. Aufträgen an ein Gerät
oder Programm in der umgekehrten Reihenfolge des Auftretens; Begriff aus der Warteschlangentechnik; siehe auch
LCFS

LIFT
*logically integrated FORTRAN
translator*
zu einem System gehörender
FORTRAN-Übersetzer

LILO
Link Loader
Programmsystem zum Zusam-
menführen und Laden von unabhängig geschriebenen Programmen

LIMAC
*large integrated monolithic
array computer*
Feldrechner mit einem hohen
Integrationsgrad

LINGUS
*Prozessor für formatierte
Benutzersprachen*

LIPL
*Linear Information Processing
Language*
höhere Programmiersprache für
die lineare Programmierung

LIS
*1. Language Implementation
System*
Programmiersprache zum Erstellen von Systemprogrammen

2. lineare integrierte Schaltung
integrierte Schaltung mit einfachen Zusammenhängen;
siehe auch LIC

LISP
1. List Processing Language
Programmiersprache zur Erstellung von individuellen Druckprogrammen bzw. Ausgabeformaten; siehe auch LPL

2. List Processor
symbolorientierte Programmiersprache mit strukturierten Anweisungen sowie einfachen und strukturierten Datentypen zum Lösen von Aufgaben u.a. aus dem Bereich der künstlichen Intelligenz

LK
Lochkarte
punched card; Karte zur Speicherung von Informationen durch Stanzen von Löchern

LKA
Lochkartenausgabe
Ausgeben von Lochkarteninformationen aus einer Datenverarbeitungsanlage durch Stanzen einer Lochkarte

LKE
Lochkarteneingabe
Eingeben von Lochkarteninformationen in eine Datenverarbeitungsanlage durch Abtasten einer gestanzten Lochkarte

LK/h
Lochkarten je Stunde
Maß für die Arbeitsgeschwindigkeit von Lochkartengeräten

LKL
Lochkartenleser
Gerät zum Eingeben von Lochkarteninformationen in eine Datenverarbeitungsanlage

LK/min
Lochkarten je Minute
Maß für die Arbeitsgeschwindigkeit von Lochkartengeräten

LKST
Lochkartenstanzer
Gerät zum Ausgeben von Lochkarteninformationen aus einer Datenverarbeitungsanlage oder zum Schreiben von Daten in Form von Lochkarteninformationen

LLL
low level logic
mit niedrigem Spannungspegel arbeitende Logikschaltung

LLLLLL
Laboratories Low Level Linked List Language
Programmiersprache zur Erstellung von individuellen Druckprogrammen bzw. Ausgabeformaten

LLR
load limiting resistor
leistungsbegrenzender Widerstand

LMS
1. Library Maintenance System
Teil des BS2000 zur Verwaltung von Programmbibliotheken

2. logic metadata system
Verfahren zum Eliminieren redundanter Daten

LMT
logic master tape
Ursprungsaufzeichnung von Magnetbanddaten, von der Varianten und Versionen bzw. Kopien gezogen werden

LOD
low density
Datenträger mit gringer Aufzeichnungsdichte; siehe auch LDDS

LOGALGOL
Logical Algorithmic Language
höhere Programmiersprache zur
Lösung von mathematischen
Aufgaben

LOGOS
automatischer Sprachübersetzer
zur Übersetzung von der
deutschen in die englische
Sprache

LOLA
Layman Oriented Language
Abfragesprache für Datenbank-
systeme

LOLITA
*Language for the Online
Investigation and Trans-
formation of Abstractions*
höhere Programmiersprache

LOPAC
*Load Optimization and
Passenger Acceptance Control*
Programmsystem der Luftfahrt-
technik zur Passagierüberwa-
chung und Ladungsoptimierung

LOS
local operating system
vor Ort ablaufendes Betriebssystem eines Rechnernetzes

LP
1. Leitungspuffer
Puffer zur Zwischenspeicherung
von auf Leitungen zu übertra-
gende Zeichen

2. line printer
Zeilendrucker, Schnelldrucker,
Paralleldrucker für auszugeben-
de Daten eines Rechners

LPG
Listenprogrammgenerator
Programmsystem zur Erstellung
individueller Druckprogramme

LPI
lines per inch
Maß für den Abstand zwischen
gedruckten Zeilen (Durchschuß)

LPL
*1. Linear Programming
Language*
Programmiersprache zur Lösung
von Aufgaben aus dem Gebiet
des Operations Research

2. List Processing Language
Programmiersprache zur Erstellung individueller Druckprogramme

lpm
lines per minute
Zeilen je Minute, ZL/min; Maß
für die Geschwindigkeit eines
Druckers

lps
lines per second
Zeilen je Sekunde, ZL/s; Maß
für die Geschwindigkeit eines
Druckers

LPS
low power Schottky(-TTL)
Schottky-Technologie (TTL-
Schaltungstechnologie) mit
geringer Verlustleistung

LRC
longitudinal redundancy check
Längsparitätsprüfung; Vollstän-
digkeitskontrolle beim Lesen
von auf einem Magnetband aufgezeichneten Daten

LRP
line printer
Zeilendrucker, Schnelldrucker,
Paralleldrucker für auszugeben-
de Daten eines Rechners; siehe
auch LP

LRU
last(least) recently used
Abarbeitung von Anforderungen bzw. Aufträgen an eine Einrichtung; Begriff aus der Warteschlangentechnik

LS
Lochstreifen
aus einem Papierstreifen bestehender Datenträger mit Lochun-
gen zur Darstellung der Information in einem bestimmten Code

LSA
Lochstreifenausgabegerät
Gerät zum Aufzeichnen von
Daten auf einen Lochstreifen

LSB
least significant bit
niederwertigstes Bit eines ver-
schlüsselten Zeichens

LSC
least significant character
niederwertigstes Zeichen einer
Zeichenfolge

LSD
least significant digit
niederwertigste Stelle einer Zahl

LSE
Lochstreifeneingabegerät
Gerät zum Lesen von auf einem
Lochstreifen aufgezeichneten
Daten

LSI
large scale integration
Integration von einigen zehntausend Bauelementen und
deren Verbindungen auf einem
monolithischen Halbleiterplätt-
chen (Chip)

LSIC
large scale integrated circuit
LSI-Chip

LSIT
large scale integration technology
Technologie zur Herstellung von
LSI-Schaltungen

LSL
langsame störsichere Logik
Technik für integrierte Schaltungen mit relativ hoher Betriebs-
spannung

LSM
low speed MODEM
Modem für geringe Übertra-
gungsgeschwindigkeiten

LSP
1. logical signal processor
Digitalrechner zur Signaldaten-
verarbeitung

2. low speed printer
Drucker zur seriellen Ausgabe
von im Rechner gespeicherten
Daten

LSS
Lochstreifenstanzer
Gerät zur Speicherung von
Daten auf einem Lochstreifen

LSTTL
*low power Schottky transistor-
transistor logic*
TTL-Schaltungen mit geringer
Verlustleistung

LTROM
linear transformer read only memory
Festwertspeicher mit Transformatorelementen als Speichermedium

LTRS
letters shift
Buchstabenumschaltung (BU); Übertragungssteuerzeichen der Datenfernverarbeitung

LU
1. logical unit
logische Einheit, Verarbeitungseinheit, Rechenwerk zur Interpretation und Verarbeitung von Befehlen

2. logical unit
Zugangsstation zum SNA-Netz der IBM

LUCID
Language for Utility Checkout and Instrumentation Development
Programmiersprache zur Lösung von Aufgaben aus dem Bereich der Anlagenüberprüfung und Instrumentierungsentwicklung

LWL
Lichtwellenleiter
optisches Übertragungsmedium (Glasfaserkabel) für die Übertragung von Daten

LZ
left hand zero, auch leading zero
führende Nullen, die vor der höchstwertigen Stelle einer Zahl stehenden Nullen

M

M
Memory address
Speicheradresse, Adresse zum Auffinden bzw. zur Ansteuerung eines Speicherplatzes im Direktzugriffsspeicher

MAC
1. machine aided cognition
rechnerunterstützte Zeichenerkennung

2. man and computer
Mench und Maschine

3. measurement and control
Meß- und Regelungstechnik

4. memory access command
Befehl einer Datenverarbeitungsanlage für Speicherzugriffe

5. memory address counter
Befehlszähler einer Datenverarbeitungsanlage zur Adressierung der Befehle im Speicher

6. message authentication code
Datensicherungscode zur Absicherung gegen Textverfälschungen

7. multiple access computer
Rechner mit Mehrfachbenutzerzugriff bei Parallelverarbeitung von Programmen (Teilnehmersystem)

MACE
management applications in a computer environment
Lösung von Verwaltungs- und Steuerungsaufgaben mit Hilfe von Computereinrichtungen

MACMIS

Maintenance and Construction Management Information System
Informationssystem für die Verwaltung von Wartungs- und Konstruktionsarbeiten

MACP

macro control processor
Rechner zur Makrobefehlsabarbeitung

MACSYMA

MAC Symbolic Mathematics
Programmsystem zur Verarbeitung symbolischer, mathematischer Ausdrücke im Projekt MAC des MIT der USA

MADAM

Bausteinprogramm für die Steuerung industrieller Prozesse der SNI

MADE

multichannel analog-to-digital data encoder
im Zeitmultiplexverfahren arbeitender Kanal zur Umwandlung analoger in digitale Daten

MADS

machine aided drafting system
rechnerunterstütztes System zur Erstellung von Zeichnungen

MADT

micro alloy diffused transistor
Transistor spezieller Bauart

MAE

mean absolute error
mittlerer absoluter Fehler

MAFIA

Maschinelle Anlagenvermögensführung, Informationsverarbeitung und Ausgabe
Programmsystem der SNI zur Fortschreibung und Bewertung der Anlagengüter, Rückrechnung auf steuerliche Herkunftskosten bei eigenen Erzeugnissen, Ermittlung der Versicherungswerte, Investitionssteuerrechnung, Errechnung der Zinsen und sonstige Kosten usw.

MAGIC

1. machine for automatic graphics interface to a computer
Schnittstelle zum Anschluß grafischer Geräte an Rechner

2. Matrix Algebra General Interpretive Coding
Codierung der direkten Ausführung von Befehlen bezüglich algebraischer Matrizen

MAIP

Matrix Algebra Interpretive Program
Programm zur direkten Ausführung von Befehlen bezüglich algebraischer Matrizen

MAK

maximale Arbeitsplatzkonzentration schädlicher Stoffe
Begriff aus dem Arbeits- und Umweltschutz

MAL

Macro Assembly Language
Programmiersprache zur Erstellung häufig benötigter Befehlsfolgen

MALT
Mnemonic Assembly Language Translator
Übersetzer für mnemonische Ausdrücke

MAM
multiple access to memory
Speicher mit Mehrfachzugriffsmöglichkeiten

MAMI
machine aided manufacturing
rechnerunterstütztes Produktionssteuerungssystem

MAN
metropolitan area network
digitales Netz im Ortsbereich zur Kommunikation zwischen Arbeitsplatzsystemen, Personal Computern, Main Frame Computern, Datensichtstationen, Druckern, Dateien usw.; siehe auch LAN, WAN

MAP
1. Macro Assembly Program
Programm zur Übersetzung häufig benötigter Befehlsfolgen

2. Manufacturing Automation Protocol
Standardisierung der Kommunikation zwischen unterschiedlichen Rechnersystemen in der Verfahrenstechnik

MAPS
Management Aids Program Suite
rechnerunterstütztes Verwaltungssystem

MAR
1. Manufacturing Assembly Report
Fertigungsbericht

2. memory address register
Register zur Zwischenspeicherung von Hauptspeicheradressen

MARC
machine readable code
maschinenlesbare Verschlüsselung

MARKT
Marktdatenbank
Programmsystem der SNI zur Speicherung und Wiederauffindung von Daten des Marktgeschehens

MARLIS
Multi Aspect Relevance Information System
Datenbanksystem mit Berücksichtigung unterschiedlicher Gesichtspunkte

MARS
1. Marketing Activities Reporting System
Programmsystem zur Berichterstattung über das Marktgeschehen

2. Maschinelle Rechnungsschreibung
Programmsystem der Siemens AG zur Automatisierung des Rechnungswesens

3. memory address register storage
Speicher zur Zwischenspeicherung von Hauptspeicheradressen

4. multi access retrieval system
Informationssystem mit Mehrfachzugriff

5. multiple apertured reluctance switch
Verzögerungsschalter

MARTOS
Multi Access Real Time Operating System
Betriebssystem für die schritthaltende Datenverarbeitung mit Mehrfachzugriff

MAS
1. microprogram automation system
mikroprogrammiertes Steuerungssystem

2. modulares Anwendersystem
aus Softwaremodulen zusammengesetztes Programmsystem

MASIS
Management and Scientific Information System
Datenbanksystem für verwaltungstechnische und wissenschaftliche Aufgaben

MASTAP
master system tape
Magnetbandsystem zur Erstellung von Kopien, Untermengen oder Varianten

MASUR
Maschinelle Ermittlung der Ursprungseigenschaften gemäß EGZollpräferenzregelung und Untersuchung gemäß US-Exportvorschriften
Programmsystem der SNI zur Berechnung von Fremdanteilen in Produkten

MAT
machine translation
Übersetzung durch den Rechner

MATLAN
Matrix Language
Programmiersprache zur Lösung von Aufgaben aus dem Matrizenbereich

MB
1. Magnetband
Speichermedium zur Aufnahme von Informationen

2. Megabyte, auch Mbyte
eine Millionen Bytes, bei Speichern allgemein binär: 2^{20} byte (siehe auch kbyte, Kbyte)

3. memory buffer
Speicher zur Zwischenspeicherung von Informationen

MBC
multiple board computer
auf mehreren Platinen, Flachbaugruppen untergebrachter Rechner

MBD
magnetic bubble device
Magnetblasenspeicher bzw. Magnetdomänenspeicher, der Veränderungen in magnetischen Materialien zur Speicherung von Informationen nutzt

MBG
Magnetbandgerät
Gerät zur Aufzeichnung von Informationen auf Magnetband

Mbit/s, Mbyte/s
Megabit je Sekunde, Megabyte je Sekunde
Übertragung von einer Million Bit bzw. Byte in einer Sekunde; hier bedeutet Mega immer 10^6

MBK
Magnetband-Kassettenlaufwerk
Magnetbandgerät mit Magnet-
bandkassette als Datenträger

MBS
Magnetbandspeicher
Gerät zur Aufzeichnung von In-
formationen auf Magnetband

MBS, auch MBST
Magnetbandsteuerung
Einrichtung zwischen einem
oder mehreren Magnetband-
geräten und einer Zentraleinheit
zur Durchführung von gemeinsamen Aufgaben

MBT
memory block table
Tabelle der virtuellen Speichertechnik zur Umwandlung von
virtuellen in physikalische
Adressen

MBX
mailbox
Briefkasten zur Hinterlegung
von Nachrichten für die Benutzer eines DV-Systems

MC
1. machine check
Überprüfung einer Anlage auf
Fehlerfreiheit

2. machine code
von einer Anlage, Maschine in-
terpretierbare Verschlüsselung

3. magnetic card
Speichermedium in Form einer
Magnetkarte

4. marginal check
Randwertprüfung, Prüfung von
Anlagen unter Grenzwertbedin-
gungen

5. micro computer
Zentraleinheit eines Rechners
auf einem Chip mit E/A-An-
schluß

6. microcontroller
programmierbarer, rechenfähi-
ger Baustein auf einem Chip,
ist ohne Peripheriebausteine
arbeitsfähig

7. military computer
besonderen Umweltanforderun-
gen entsprechender Rechner

8. mode control
Steuerung von Betriebsarten

9. multi computing system
Datenverarbeitungsanlage mit
mehreren Rechenanlagen

*10. multiple processors cache
coherence*
zweite Zwischenspeicherebene
(Notizblockspeicher) einer
Datenverarbeitungsanlage für
schnelle Daten- und Befehlszugriffe zum Aufbau von großen
Mehrrechnersystemen; siehe
auch PC, SC

MCA
1. micro channel architecture
32-bit-Bus (Mikrokanal, Mikro-
bus) für Personal Computer der
IBM

2. multiplexing channel adapter
Anpassung zum Anschluß für
Steuerungen bzw. Geräte an
einen Multiplexkanal

MCAD
*mechanical computer aided
design*
Programmsystem zum rechnerunterstützten Konstruieren
mechanischer Bauteile

MCAE

mechanical computer aided engineering
computerunterstützte Entwicklung für mechanische Bauteile

MCB

Multichip-Bauelement
Bauelement mit mehreren integrierten Schaltungen vereinigt in einem Gehäuse

MCC

1. mission critical computing
besonders ausfallempfindliche Anwendungen; sie laufen deshalb vorwiegend auf „fehlertoleranten Systemen" ab

2. multiple computer complex
Datenverarbeitungsanlage mit mehreren Rechnern, Mehrrechenanlage

MCDP

microprogrammed communications data processor
mikroprogrammierter Rechner speziell für Aufgaben der Datenfernübertragung

MCG

man computer graphics
interaktives Grafiksystem

MCI

machine check interruption
Unterbrechung eines laufenden Programms zum Überprüfen der Hardware auf Fehler

MCM

1. magnetic card memory
Speicher mit Magnetkarten als Datenträgern

2. magnetic core memory
Speicher mit Magnetkernen als Speicherelementen

3. Monte Carlo Method
probabilistische Methode; Verfahren zur Ermittlung des wahrscheinlichen Verhaltens eines Systems

4. multi chip modul
Einbau- und Schaltungstechnik mit mikroverdrahteten Logik- und Speicherbausteinen in quadratischem Aufbau

MCOM

mathematics of computation
mathematische Theorie der Informationsverarbeitung

MCP

1. master control program
Grundfassung eines Programms zur Steuerung von Abläufen

2. Multichannel Communications Program
Programm zur Steuerung der Datenfernübertragung auf mehreren Kanälen

MCR

1. magnetic character reader
Gerät zum Abtasten von Belegen mit magnetischen Zeichen, Magnetschriftenleser

2. magnetic character recognition
Erkennung bzw. Lesen magnetischer Zeichen

3. multi contact relay
Relais mit mehreren Kontakten

MCS

1. maintenance control system
System zur Steuerung von Wartungseinrichtungen

2. mega cycles per second
1 MHz, eine Millionen Schwingungen je Sekunde

3. micro computer system
Zentraleinheit eines Rechners auf einem Chip mit E/A-Anschluß; siehe auch MC

4. modular computer system
modular aufgebautes Rechnersystem

5. multichannel communications system
Datenfernübertragungssteuerung mit mehreren Kanälen

6. multi channel switch
Mehrkanalschalter zum Umschalten von Geräten oder Steuerungen zwischen Kanälen einer oder mehreren Zentraleinheiten

7. multiprogrammed computer system
im Mehrprogrammbetrieb (Simultanbetrieb) arbeitender Rechner

MCTL
Military Critical Technology List
Liste kritischer militärisch einsetzbarer Waren und Techniken

MCU
1. maintenance control unit
Einrichtung zur Überwachung der Hardware auf Störungen

2. microprogram control unit
mikroprogrammierte Steuerungseinheit

MD
1. Macro Directory
Verzeichnis, Katalog der Makrobefehle eines Datenverarbeitungssystems

2. Magnetdrahtspeicher
benutzt einen mit einer magnetisierbaren Schicht überzogenen Draht als Speichermedium

3. magnetic disk
Speichermedium Magnetplatte; siehe auch MDS

4. magnetic drum
Magnettrommel, Speichermedium mit zylindrischer Oberfläche

MDA
monochrome display adapter
Verfahren zur Steuerung von grafischen Einrichtungen im PC-Bereich

MDC
manipulation detection code
Verschlüsselungsalgorithmus zur Erkennung von Fälschungen

MDDPM
magnetic drum data processing machine
Datenverarbeitungsanlage ausgerüstet mit Trommelspeicher als peripherem Speicher

MDE
manufacturing data entry
Betriebsdatenerfassung

MDF
master data file
Stammdatei, von der Kopien, Auszüge oder Varianten abgeleitet werden können

MDIS
medical diagnostic imaging support
digitales Bilddatennetz für den Bereich der Medizintechnik in den USA

MDL
Macro Description Language
Festlegung zur Programmierung
von Makrobefehlen

MDM
magnetic drum memory
Magnettrommelspeicher; siehe
auch MD

MDR
magnetic document reader
Gerät zum Abtasten von
Belegen mit Magnetschrift

MDS
1. Magnetdrahtspeicher
benutzt einen mit einer magnetisierbaren Schicht überzogenen
Draht als Speichermedium

2. magnetic disc store
Magnetplattenspeicher; peripheres Speichergerät mit einer
oder mehreren Magnetplatten;
siehe auch MD,MDS

3. magnetic drum store
Magnettrommelspeicher; siehe
auch MD, MDM

*4. microprocessor development
system*
System, das die Entwicklung von
Mikroprozessoren unterstützt

MDSP
Magnetdrahtspeicher
benutzt einen mit einer magnetisierbaren Schicht überzogenen
Draht als Speichermedium

MDT
1. mean down time
mittlere Ausfallzeit eines Gerätes, einer Anlage, eines Systems

2. mittlere Datentechnik
DV-Anlagen aus dem Bereich
der Bürocomputer zur Verarbeitung der im Büro üblicherweise
anfallenden Datenmengen

MEAP
*mikroprogrammierter Eingabe/-
Ausgabe-Prozessor*
durch Mikroprogramme
gesteuerter Eingabe/Ausgabe-
Prozessor einer Zentraleinheit

MEB
Methodenbank
Zusammenfassung verschiedener Programme in einer einheitlichen Programmbibliothek für
mathematische Methoden, Statistiken und Operations Research

MECTL
*multi emitter coupled transistor
logic*
logische Schaltung mit mehreren
Emittereingängen

MEGA
Projekt zur Entwicklung und
Fertigung von Chips im
Submikrobereich der Siemens
AG; Megabit-Speicher-Chips

MEPS
million events per second
Maß für die Bewertung der Geschwindigkeit von Simulatoren

MES
*1. Management Entscheidungs-
system*

2. Menüentwicklungssystem
Software-Entwicklungssystem
für die Erstellung einer Auswahl
von Programmfunktionen für
den Benutzer eines Rechners

3. metal semiconductor
Halbleiterbauart, bei der der Schottky-Übergang zwischen Metall und Halbleiter zur Steuerung des Stromkanals genutzt wird

MESFET
metal semiconductor field effect transistor
durch ein elektrisches Feld zwischen dem Metall- und Halbleiterübergang gesteuerter Transistor

METAL
Programm zur automatischen Übersetzung von der deutschen in die englische Sprache

METAPLAN
Methods of Extracting Text Autoprogramming Language
Programmiersprache zur Erstellung von Auszügen aus Texten

METHAPLAN
Methodenbank-Ablaufsystem für Planung und Analyse
Programmsystem der Siemens AG für Planungsaufgaben

MEZ
mitteleuropäische Zeit
1 Stunde vor gegenüber der westeuropäischen Zeit; siehe auch WEZ

MFLOPS
million floating point operations per second
Millionen Gleitkommaoperationen je Sekunde, Maß für die interne Geschwindigkeit von Rechnern für technische und wissenschaftliche Aufgaben

MFM
magnetic film memory
Dünnschichtspeicher mit dünnen magnetischen Flecken als Speichermedium; siehe auch MFSP

MFSP
Magnetfilmspeicher
siehe MFM

MFT
multiprocessing with a fixed number of tasks
parallele Verarbeitung von Programmen mit einer fest vorgegebenen Anzahl von Aufgaben

MG
Magnetbandgerät
Gerät zur Aufzeichnung und Wiedergabe von Informationen auf bzw. von einem Magnetband

MH
magnetic head
Magnetkopf, wandelt elektrische Signale in magnetische Speicherzustände um und umgekehrt

MHD
1. minimale Hamming-Distanz
Methode der minimalen Hamming-Distanz

2. moving head disk
Plattenspeicher mit ein- und ausfahrbaren Schreib-/Leseköpfen; Wechselplattenspeicher

MHz
Megahertz
Millionen Zyklen je Sekunde

MI

micro instruction
Mikrobefehl, Mikroanweisung;
Befehl für eine Zelle in einer
logischen Schaltung

MIC

monolithic integrated circuit
monolithische Schaltung, meist
in Siliziumtechnik; im allgemei-
nen IC bzw. IS genannt

MICR

*magnetic ink character
recognition*
Erkennung magnetischer
Schriftzeichen

MICS

*Manufacturing Information
Control System*
Informationssystem für die
Fertigungssteuerung

MIDOK

Minidokumentation
Programmsystem der SNI; ein-
setzbar als dialogorientiertes
Dokumentationssystem

MIKADO

Programmsystem der SNI für
den rechnerunterstützten Mikro-
programmentwurf

MIL

1. military electronics system
Elektroniksystem geignet für
den militärischen Einsatz

2. military standards
Vorschriften der USA über Qualität von Bauelementen, Geräten, Anlagen usw. für den militärischen Einsatz

MIL SPEC

military specifications
Vorschriften der USA über Anforderungen an Bauelemente,
Geräte, Anlagen usw. geeignet
für den militärischen Einsatz

MIL STD

military standards
siehe MIL

MIMD

*multiple instruction stream/
multiple data stream*
Architektur für Rechner mit
hoher Leistung, bei der mehrere
Rechner simultan zueinander
unabhängige Daten- und Be-
fehlsströme bearbeiten

MIOP

multiplex input-output processor
im Zeitmultiplexverfahren arbeitender Eingabe/Ausgabe-
Prozessor einer Zentraleinheit;
deutsch: MEAP

MIP

*1. Methods Improvement
Program*
Programm zur Verbesserung von
Methoden

2. Mikroprozessor
eine auf einem IC (Chip)
realisierte Verarbeitungseinheit

MIPAS

*Management Information
Planning and Accountancy
System*
Informationssystem für
Planungs- und Abrechnungsauf-
gaben

MIPS

million instructions per second
Millionen Befehle je Sekunde;
Maß für die interne Rechengeschwindigkeit einer Zentraleinheit

MIPSU

micro program storage unit
Speicher zur Aufnahme von
Mikrobefehlen für die Steuerung
einer Zentraleinheit

MIS

*1. management information
system*
Informationssystem mit Füh-
rungsdaten für Entscheidungs-
vorbereitungen für das Manege-
ment eines Unternehmens

2. metal insulator semiconductor
Bauart für Halbleiterschaltungen

3. mikrofilm information system
auf Mikrofilmtechnik basierendes Informationssystem

MISD

multiple instructions single data
Rechner mit mehreren Befehls-
strömen zur Verarbeitung von
Daten; Parallelrechnerkonzept

MISFET

*metal insulator semiconductor
field effect transistor*
durch ein elektrisches Feld
gesteuerter Transistor; siehe
auch MESFET

MISP

*minimum instruction set
computer*

Rechner mit im Vergleich zu her-
kömmlichen Rechnern minima-
lem Befehlsvorrat; siehe auch
RISC

MIT

*1. Massachusetts Institute of
Technology*
Forschungs- und Lehrzentrum
in den USA

2. master instruction tape
Systemband zur Erzeugung von
Kopien, Untermengen oder
Varianten

MITI

*Ministry of International Trade
and Industry*
Handels- und Industrie-
ministerium Japans

MIX

*Zusammenstellung von Befehlen
zur Ermittlung der Leistungsfähigkeit von Computern nach
Anwendungsgesichtspunkten*

MIXWARE

mixed hardware
Einsatz von Geräten, Anlagen,
Software unterschiedlicher Her-
steller in einem System

MJ

Mannjahr
die Beschäftigung einer Person
mit einer Aufgabe für ein Jahr,
Maß für den Arbeitsaufwand

MK

1. Magnetkarte
Speichermedium in Form einer
Magnetkarte

2. Multiplexkanal
im Zeitmultiplexverfahren arbeitender Eingabe/Ausgabe-Kanal einer Zentraleinheit

MKS
Magnetkartenspeicher
mit Magnetkarten arbeitendes Speichergerät

MKSA
Meter-Kilogramm-Sekunde-Ampère System
internationales Einheitensystem, SI-System; siehe auch SI

ML
1. machine language
Maschinensprache; die interne Verschlüsselung der Befehle eines Computers (object code)

2. macro library
Bibliothek eines Betriebssystems für Makrobefehle

3. Markierungsleser
Gerät zum Abtasten von Strichmarkierungen auf Belegen

MLB
multilayer board
Baugruppe, Flachbaugruppe mit einer mehrlagigen Verdrahtung

MLP
1. machine language program
auf Maschinenebene ablaufendes Programm

2. multiple line printing
Mehrzeilendruck

MLPWB
multilayer printed wiring board
in mehreren Ebenen verdrahtete Flachbaugruppe

MLREG
multiple linear regression
mehrfach lineare Regression

MLS
multi language system
System mit mehreren Programmiersprachen

MM
1. main memory
Hauptspeicher, Arbeitsspeicher einer Datenverarbeitungsanlage

2. Mannmonat
die Beschäftigung einer Person mit einer Aufgabe für einen Monat, Maß für den Arbeitsaufwand

MMC
1. man machine communications
Bedienoberfläche für Werkzeugmaschinensteuerungen zum Bedienen, Programmieren und Simulieren; siehe auch MMK

2. monthly maintenance charge
monatliche Wartungsgebühr

MMI
manufacturing message interface
Schnittstelle von Kommunikationssystemen im Fertigungsbereich

MMK
Mensch-Maschine-Kommunikation
Bedienoberfläche für Werkzeugmaschinensteuerungen zum Bedienen, Programmieren und Simulieren; englisch: MMC

MMM
monolithic main memory
Hauptspeicher, Arbeitsspeicher

aufgebaut aus integrierten Halbleiterschaltungen

MMMC

*minimum monthly maintenance
charge*
minimale monatliche Wartungsgebühr

MMS

mass memory store
an eine Datenverarbeitungsanlage angeschlossene Speicher
zur Aufnahme großer Datenmengen; Großspeicher,
Massenspeicher

MMU

memory management unit
Hauptspeichersteuerung, -ver-
waltung für Mikroprozessoren

MNOS

*metal nitride oxide
semiconductor*
unipolarer Halbleiter

MOBIDAC

mobile data aquisition system
mobiles, transportables
Datenerfassungssystem

MOBIDIC

mobile digital computer
mobiler, transportabler Digitalrechner

MOBL

*Macro Oriented Business
Language*
kommerziell orientierte Programmiersprache zur Erstellung
häufig benötigter Befehlsfolgen

MOD

magneto optical disk
Plattenspeicher mit magneti-
scher Lese- und optischer
Schreibeinrichtung

MODACOM

*Modulares Kommunikations-
system für Sprache und Daten*
Nachrichtenübertragungssystem
der Siemens AG

MODEM

Modulator Demodulator
Gerät zur Umwandlung digitaler
in analoge bzw. analoger in digitale Signale, eingesetzt zur Übertragung von Informationen auf
Fernsprechleitungen

MONTREAL

Monitor für Realtime-Systeme
Programmsystem zur Steuerung
zeitabhängiger Vorgänge

MOPS

million operations per second
Millionen Operationen je Sekunde, Maß für die interne Rechengeschwindigkeit

MOS

1. magnetic tape operating system
auf einem Magnetband hinterlegtes Betriebssystem

2. master operating system
Grundfassung eines Betriebssystems, von der Kopien, Untermengen oder Varianten abgeleitet werden können

3. metal oxide semiconductor
Technik zur Herstellung
integrierter Schaltungen hoher
Packungsdichte, vorwiegend für
Speicheraufgaben

4. modular operating system
modular aufgebautes Betriebssystem

*5. multiple computer operating
system*
Betriebssystem für Mehrrech-
nerkonfigurationen

MOS-LSI

*MOS circuit in large scale
integration*
MOS-Schaltungen mit einigen
zehntausend auf einem Chip
integrierten Bauelementen

MOS-MSI

*MOS circuit in medium scale
integration*
MOS-Schaltkreis mit einigen
hundert auf einem Chip
integrierten Bauelementen

MOSAIC

*1. Macro Operation Symbolic
Assembler and Information
Compiler*
Assemblierer und Übersetzer
symbolischer Makroanweisun-
gen

*2. metal oxide semiconductor
advanced integrated circuit*
in Halbleitertechnik aufgebaute
und verbesserte integrierte
Schaltung, Halbleiterspeicher

MOSFET

*metal oxide silicon field effect
transistor*
in MOS-Technik realisierter
Feldeffekttransistor

MOSI

*MOS-Technik mit Ionen-
implantation*

MOST

metal oxide silicon transistor
in MOS-Technik realisierter
unipolarer Transistor

MP

1. Magnetplatte
Speichermedium in Form eines
Plattenstapels; siehe auch MPS

2. memory protection
Speicherschutz gegen unbeabsichtigtes Überschreiben

3. Mikroprozessor
eine auf einem Chip realisierte
Verarbeitungseinheit

4. multiprocessing
gleichzeitige Mehrfachverarbei-
tung von Programmen und
Daten

5. multiprocessor
Datenverarbeitungsanlage mit
mehreren gleichzeitig arbeitenden Verarbeitungseinheiten
unter gemeinsamer Benutzung
eines Hauptspeichers

6. multiprogramming
ineinandergeschachtelte Verarbeitung mehrerer Programme
auf einer Datenverarbeitungsanlage

MPC

1. microprogram control
Steuerung für den Ablauf von
Mikroprogrammen

2. multiprocessing
Datenverarbeitungsanlage mit
mehreren gleichzeitig arbeitenden Verarbeitungseinheiten unter gemeinsamer Benutzung
eines Hauptspeichers; siehe
auch MP

MPE

multiprogramming executive
Ablaufteil eines Betriebssystems
geeignet für die ineinandergeschachtelte Verarbeitung
mehrere Programme

MPL

*Mnemonic Programming
Language*
Programmiersprache zur Lösung
von Aufgaben mit mnemotech-
nischen (das menschliche
Gedächtnis unterstützen)
Verschlüsselungen

MPOS

*multiprogramming operating
system*
Betriebssystem für die ineinan-
derverschachtelte Verarbeitung
von Programmen

MPP

massively parallel processors
Vernetzung von Prozessoren zur
Bearbeitung von parallelbear-
beitbaren Problemen

MPPS

message processing procedures
Folge von Anweisungen zur Verarbeitung von Nachrichten

MPS

1. Magnetplattenspeicher
mit Magnetplatten arbeitendes
Speichergerät; siehe auch MP

2. Magnetplattensystem
aus mehreren Magnetplatten-
geräten bestehende Speicher-
anordnung

3. meter per second
Meter je Sekunde, m/s

MPU

microprocessor unit
Teil eines Rechners zur Interpretation und Ausführung von
Mikrooperationen, Mikro-
befehlen

MPX

multiplexer
Einrichtung zum Umsetzen von
Daten, die auf Kanälen zu übertragen sind, nach dem Zeitmultiplexverfahren

MR

memory register
Register im Hauptspeicher zur
kurzzeitigen Aufnahme von
Daten

MRAD

mass random access disc
Großplattenspeicher mit wahlfreiem, direktem Zugriff

MRI

magnetic resonance imaging
Kernspintomographie, bild-
gebendes Verfahren für die
medizinische Diagnose. Es arbeitet nach dem Prinzip der
NMR-Spektrometrie (nuclear
magnetic resonance); ein Computer generiert aus den Meßdaten Schnittbilder, die gegenüber Röntgenaufnahmen z.T.
größeren Kontrast und bessere
Auflösung haben, vor allem aber
ohne radioaktive Belastung
zustandekommen

MRS

mittlere relative Störzeit

MS

1. Magnetstreifen
Speichermedium in Form einer
streifenförmigen Folie mit ma-
gnetisierbarer Oberfläche

2. message switching
Nachrichtenvermittlungstechnik

MS-DOS

Microsoft Disc Operating System
auf Disketten hinterlegtes Plattenbetriebssystem der Firma Microsoft für Personal Computer

MSC

1. mass storage controller
Steuerung für Großplattenspeicher

2. most significant character
höchstwertiges Zeichen einer
Zeichenfolge

MSCF

Multi System Control Facility
Teil des BS2000 für rechnerüber-
greifende Zugriffsfunktionen
auf Dateikataloge und Job-
Variable sowie Auftragsvertei-
lung und Überwachung

MSD

most significant digit
höchstwertige Stelle einer Zahl

MSDS

message switching data services
Einrichtung in der Vermittlungstechnik

MSG

massage
Nachricht; von einem Kommu-
nikationspartner zu einem anderen übertragene bzw. zu übertra-
gende Information mit der Funktion einer Mitteilung

MSI

medium scale integration
integrierte Schaltung mit einigen
hundert bis tausend Bauelementen auf einem Chip

MSLT

military solid logic technology
integrierte Schaltungen für militärische Verwendungszwecke;
einsetzbar unter erhöhten Um-
gebungsbelastungen

MSR

*Meß-, Steuerungs- und
Regelungstechnik*

MSS

mass storage device
Massenspeicher, Großspeicher

MT

magnetic tape
Magnetband als Speicher-
medium zur Aufzeichnung von
Informationen

MTBF

mean time between failures
mittlere Ausfallwahrscheinlichkeit; Verfügbarkeit, Mittelwert
für den Zeitraum zwischen zwei
aufeinanderfolgenden Fehlern;
siehe auch MTF

MTBM

mean time between maintenance
mittleres Wartungsintervall;
Mittelwert für den Zeitraum von
zwei aufeinanderfolgenden War-
tungen

MTBR

mean time between repair
mittleres Reparaturintervall;

Mittelwert für den Zeitraum von zwei aufeinanderfolgenden Reparaturen

MTCU
magnetic tape control unit
Steuerung zum Anschluss von Magnetbandgeräte an eine Zentraleinheit

MTF, auch MTFT
mean time to failures
mittlere Ausfallwahrscheinlichkeit; Verfügbarkeit, Mittelwert für den Zeitraum zwischen zwei aufeinanderfolgenden Fehlern

MTL
merged transistor logic
gemischte Verwendung von npn- und pnp-Transistoren in einer Schaltung

MTNS
metal-thick-nitride-semi-conductor
Schichtenfolge im Aufbau eines Halbleitermaterials

MTOS
magnetic tape operating system
auf einem Magnetband hinterlegtes Betriebssystem

MTR
magnetic tape recorder
Magnetbandgerät zur Aufzeichnung von analogen Informationen

MTS
magnetic tape system
Magnetbandanlage

MTTF
mean time to failure
mittlere Ausfallwahrscheinlichkeit; Verfügbarkeit, Mittelwert für den Zeitraum zwischen zwei aufeinanderfolgenden Fehlern; siehe auch MTF, MTBF

MTTFF
mean time to first failure
mittlere Wahrscheinlichkeit für den Zeitraum zwischen Inbetriebnahme und dem Eintritt eines ersten Fehlers

MTU
magnetic tape unit
Magnetbandeinheit, Magnetbandgerät

MUM
multi used mnemonics
mehrfach benutzte mnemonische Ausdrücke

MUX
Multiplexkanal einer Datenverarbeitungsanlage zur Übertragung von Daten im Zeitmultiplexverfahren

MVS
1. multiple virtual storage
mehrfach benutzbarer virtueller Speicher, der ohne Berücksichtigung der physikalischen Gegebenheiten mehreren Programmen zur Verfügung steht

2. Multi Virtual System
virtuelles Betriebssystem der IBM zur Benutzung des Speichers durch Programme ohne Berücksichtigung der physikalischen Grenzen des Hauptspeichers

MVS/TSO
*Multi Virtual System/Time
Sharing Operating System*
virtuelles Betriebssystem der
IBM für den Teilnehmerbetrieb
ohne Berücksichtigung der
physikalischen Grenzen des
Hauptspeichers durch Pro-
gramme

MVT
*multiprocessing (multitasking)
with a variable number of tasks*
Verarbeitung von verschiedenen
ineianderverschachtelten Programmen oder Aufgaben

MX
Mehrplatzsystem SINIX
Rechnerfamilie der SNI für an
verschiedenen Orten gelegene
Arbeitsplätze

MZ
Moskauer Zeit
2 Stunden vor gegenüber der
mitteleuropäischen Zeit; siehe
auch MEZ

N

NAIS
*Netzwerk Assekuranz
Informations-System*
System aus dem Versicherungs-
bereich für Makler und Agenten

NAK
negative acknowledge
Geräte- bzw. Übertragungssteuerzeichen der Datenfernverarbeitung: negative Rückmeldung

NAL
National Aerospace Laboratory
nationales Raumfahrtlaborato-
rium der USA

NAM
network access machine
Datenverarbeitungsanlage mit
Zugriffsmöglichkeiten zu einem
Rechnernetz

NAMUR
*Normenarbeitsgemeinschaft für
Meß- und Regelungstechnik*
Gemeinschaft der chemischen
Industrie in Deutschland

NAND
not and
logische Funktion, negiertes
UND; realisiert in der Reihen-
schaltung einer UND- mit einer
NICHT-Funktion, auch Sheffer-
Funktion genannt

NAPSS
*Numerical Analysis Problem
Solving System*
Programmsystem zur Lösung
von Aufgaben der numerischen
Analyse

NAREC
Naval Research Elektronic Computer
Datenverarbeitungssystem zur Erforschung von Problemen aus dem Bereich der Marine der USA

NASA
National Aeronautics and Space Administration
Raumfahrtbehörde der USA

NASUA
National Association of System/3 Users
Benutzervereinigung von System/3-Anwendern der IBM in den USA

NAT
network analysis technique
Netzplantechnik

NBS
National Bureau of Standards
Normierungsbehörde der USA

NC
numerical control
numerische Maschinensteuerung; auch NC-Maschinen, Steuerung von Werkzeugmaschinen durch numerische Daten

NCC
National Computer Comference and Exposition
nationale Computermesse und Computerkonferenz in den USA

NCGA
National Computer Graphics Association
Benutzervereinigung von Grafikanwendern in den USA

NCL
Network Control Language
Programmiersprache zur Lösung von Aufgaben aus dem Bereich der Netzsteuerung

NCMES
Numerical Controlled Measuring and Evaluation System
Programmiersystem für die maschinelle Programmierung von Meßmaschinen

NCP
1. network control program
Programm zur Netzsteuerung

2. non carbon paper
Papier zur Erstellung von Durchschlägen mit chemischen Verfahren (ohne Kohlepapier)

NCP/VS
Network Control Program/ Virtual Storage
Programm zur Steuerung von Netzen mit virtuellen Speichern

NCS
1. Netherlands Computer Society
Benutzervereinigung von Computeranwendern in den Niederlanden

2. Apollo Network Computing System
Computernetz von Apollo Domain

3. Numerical Control Society
Benutzervereinigung von numerischen Werkzeugmaschinenanwendern in den USA

4. numerical control system
System zur Steuerung von Werkzeugmaschinen mit numerischen Daten

NCSC
National Computer Security Center
Behörde der USA zur Benutzung sicherer DV-Systeme; siehe auch TCSEC

ND
navigation display
Bildschirmanzeige mit Kartenausschnitt für Navigationsaufgaben der Luftfahrt

NDIS
Network Driver Interface Specification
von Microsoft und 3COM gemeinsam entwickelte Schnittstelle für Computernetze

NDL
Network Definition Language
Sprache zur Beschreibung von Netzen

NDRO
non destructive read out
im Speicher hinterlegte Information wird beim Auslesen nicht zerstört; siehe auch NDRW

NDRW
non destructive read and write
im Speicher hinterlegte Information wird bei Zugriffen nicht zerstört; siehe auch NDRO

NDS
negativ dotiertes Silizium
Silizium, das gezielt mit einem bestimmten Quatum negativer Ladungsträger versehen wird bzw. wurde

NDT
non destructive testing
zerstörungsfreies Prüfen

NE
not equal to
ungleich; mathematischer Ausdruck,

NEC
1. National Electronics Conference
nationale Elektronikkonferenz in den USA

2. no error check
Überprüfung eines Geräts oder Systems auf Fehlerfreiheit

NEG
Negation
Verneinung, Negator, logische Verknüpfung

Net-BIOS
Network Basic Input/Output Systems
Softwareschnittstelle für lokale Netze der IBM

NFP
not file protect
nichtgeschützte Datei

NFS
1. Network File System
verteiltes Dateisystem für den Betrieb unter dem UNIX-Betriebssystem

2. nonfunctional status
der Betriebszustand ist gestört

NIBAS
network integrated branch application services

auf PC-Standards basierende Software-Architektur für Bankapplikationen mit einheitlicher Oberfläche

NIBEG
Neutrale herstellerunabhängige Informations-Benutzer-Gruppe
Anwendervereinigung für SNI Produkte der Familie 8890

NIH
not invented here
nicht hier erfunden, Kennzeichnung für die Verwendung ausländischer Patente

NIP
nucleus initialization program
Urlader; Urladeprogramm zur Eingabe eines Steuerprogramms für das Betriebssystem in den Rechner

NISARC
National Information Storage and Retrieval Center
zentrale Einrichtung in den USA für Aufgaben der Informationsspeicherung und Wiedergewinnung (Datenbanksysteme)

NIST
National Institute of Standards and Technology
Normungsbüro der USA (früher: National Bureau of Standards, NBS)

NJB
network job processing
Auftragsbearbeitung im Computernetz

NKR
Netzknotenrechner
Rechner in einem Rechnernetz für Vermittlungsaufgaben

NL
new line
Geräte- bzw. Übertragungssteuerzeichen der Datenfernverarbeitung: Zeilenvorschub

NLCR
new line carriage return
Geräte- bzw. Übertragungssteuerzeichen der Datenfernverarbeitung: Zeilenvorschub und Wagenrücklauf

NLP
1. natural language processing
Verarbeitung natürlicher Sprachen durch den Computer

2. non linear programming
Programmierverfahren, die nicht mit linearen Zusammenhängen innerhalb eines Gesamtsystems arbeiten

NLQ
near letter quality
Drucker mit Schönschreibeigenschaften

NLR
non linear resistor
nichtlinearer Widerstand

NLRG
nichtlineare Regression

NLS
1. native language support
Softwareprodukt in mehreren landessprachlichen Varianten

2. Hewlett-Packard National Language Support
Sprachnormierung für Computer von Hewlett-Packard

NM

nano memory
schneller Speicher mit Zugriffszeiten, die im Nanosekundenbereich liegen

NMA

Network Management Agent
Basiskomponenten der SNI zum Netzmanagement einschließlich grundlegender Dienste

NMC

Network Management Center
Netzmanagement für konfigurierbare, objekorientierte grafische Benutzeroberflächen

NMOS

N-Kanal-MOS
z. B. Feldeffekt-Transistor mit der Schichtenfolge Metall, Oxyd, Silizium mit n-leitender Schicht; siehe auch MOS

NMR-CT

nuclear magnetic resonance
bestimmte Eigenschaften von Atomkernen; angewendet in der Kernspin-Schnittbildtechnik

NNI

Nederlands Normalisatie-Instituut
Niederländisches Normeninstitut mit Sitz in Delft

NOF

National Optical Fond
Verband in den USA zur Normierung von optisch lesbaren Schriftzeichen

NORIS

Normungs-Informationssystem
Informationssystem der Siemens AG über Normungsgremien, Normenteile und Sonderfunktionen, z. B. Herstellercodes und Herstellerkennzeichen

NORM

Programm der Siemens AG zur Normierung der maschinellen Schreibung in Benummerungssystemen für Erzeugnisse und technische Unterlagen

np

negativ-positiv
Zonenfolge gegensätzlicher Dotierung und damit entgegengesetzter Leitfähigkeit in einem Halbleitereinkristall; siehe auch pnp

NP

nondeterministic polynomial time
Klasse von Problemen, die sich mit nichtdeterministischen Maschinen mit akzeptablem Zeitaufwand lösen lassen

NPC

network control program
Teil eines Betriebssystems zur Steuerung der Datenfernübertragung

NPG

normalized programming generator
Programmgenerator zur Erstellung von Programmen im Rahmen der normierten Programmierung

NPL

1. new product line
neue Produktlinie; neue Fertigungsreihe

2. New Programming Language
allgemeine problemorientierte Programmiersprache

npn

negativ-positiv-negativ
Folge von Zonen entgegengesetzter Leitfähigkeit in Halbleitern; siehe auch pnp

NPP

new product planning
Planung für eine neue Fertigungsreihe

NPS

network processing supervisor
Ablaufteil eines Betriebssystems für Netzaufgaben

NPT

Netzplantechnik
grafische Darstellung zeitlicher Zusammenhänge einzelner zu einem größeren Vorhaben gehörender Tätigkeiten und Arbeitsergebnissen

NRM

natural remanent magnetization
natürlicher Restmagnetismus, Remanenzzustand

NRU

non replaceable unit
nicht ersetzbare Einheit, nicht ersetzbares Gerät

NRZ

non return to zero
Methode zur Aufzeichnung von Informationen auf bewegter Magnetschicht; Wechselschrift

NRZ1

non return to zero change on one
Methode zur Aufzeichnung von Informationen auf bewegter Magnetschicht; Wechselschrift

NRZ/C

non return to zero change
Methode zur Aufzeichnung von Informationen auf bewegter Magnetschicht; Wechselschrift

NRZI

non return to zero invert
Methode zur Aufzeichnung von Informationen auf bewegter Magnetschicht; Wechseltaktschrift

NRZL

non return to zero level
Methode zur Aufzeichnung von Informationen auf bewegter Magnetschicht; Wechselschrift

NRZ(M)

non return to zero (mark)
Methode zur Aufzeichnung von Informationen auf bewegter Magnetschicht; Wechselschrift

NSD

non sequential disk
Magnetplattenspeicher mit nichtsequentieller Zugriffstechnik

NS-Diagramm

Nassi-Shneidermann-Diagramm
Hilfsmittel zur Strukturierung und grafischen Darstellung von logischen Abläufen, Struktogramm

NSEIP
Norwegian Society for Electronic Information Processing
Verband der Informationsverarbeitung in Norwegen

NT
Nachrichtentechnik
Technik zur Übertragung und Verteilung von Nachrichten

NTAC
Network Administration Center
Programmsystem zur Verwaltung von Computernetzen im Rahmen des TRANSDATA Systems der SNI

NTC
negative temperature coefficient
Schaltung bzw. Bauelement mit negativem Temperaturkoeffizienten; siehe auch PTC

NTG
Nachrichtentechnische Gesellschaft
in der Bundesrepublik Deutschland

NTP
near time processing
Nahzeitverarbeitung; Verarbeitung von Daten mit geringer zeitlicher Verzögerung gegenüber ihrem Eintreffen; siehe auch RTP

NTT
Nippon Telegraph & Telephone's Information Network System
Fernschreib- und Fernsprechvermittlungsnetz in Japan

NÜ
Nachrichtenübertragung
Gebiet der Übertragung von Informationen zwischen Teilnehmern

NUL
Geräte- bzw. Übertragungssteuerzeichen der Datenfernverarbeitung: Nil, Füllzeichen

NV
non volatile
nicht flüchtig; in einem Speicher gespeicherte Informationen, die auch bei Stromausfällen erhalten bleiben

NVDM
network virtual data manager
Verwaltung der im virtuellen Speicher hinterlegten Daten eines Computernetzes

NWS
network system
Konzept der SNI für die offene Kommunikation in Computernetzen

O

O
Zeichen für eine binäre Null
bzw. für den physikalischen
Zustand eines dualen Zustandspaares, der die binäre Null verkörpert, z. B. negative Ladung,
Spannung oder Strom nicht vorhanden, keine Lochung,
Magnetfluß linksorientiert usw.;
siehe auch L

OA
office automation
Automatisierung von Verfahren, Abläufen und Arbeiten im
Büro

OAR
Operandenadreßregister
Register einer Verarbeitungseinheit für das Adressieren der
zu verknüpfenden Operanden

OASE
Office Automation Services
Programmsystem für Text-
be- und -verarbeitung des
BS2000

O-B
octal to binary
Umwandlung von oktal ver-
schlüsselten in binär verschlüsselte Zahlen

OBS
operand buffering system
Anordnung in einer Verarbeitungseinheit zur Speicherung
von Operanden für den Pipe-
line-Betrieb

OC
1. open collector
im nichtaktiven Zustand hochohmiger Ausgang einer Schaltung

2. operation code
Befehlscode; Befehlsverschlüsselung zur Ausführung eines
Befehls durch eine Verarbeitungseinheit

3. operation control
automatische Steuerung von
technischen, chemischen oder
physikalischen Prozessen

OCAS
online cryptoanalytic aid system
computerunterstütztes Ent-
schlüsselungsverfahren im Realzeitbetrieb

OCIS
*Office Communication &
Information System*
Konzept der SNI für spezifische
Lösungen von Büroaufgaben

OCL
Operation Control Language
Programmiersprache zur Lösung
von Aufgaben aus dem Bereich
der Prozeßsteuerung

OCO
object code only
nur im Maschinencode vorliegende Programme

OCP
operator's control panel
Bedienungsfeld, Bedienungspult
einer Verarbeitungseinheit

OCR
1. optical character reader
Gerät zum optischen Lesen von
genormten Schriftzeichen

2. optical charcter recognition
optisch lesbare und genormte
Schriften

OCR-A
von der „International Organization for Standardization (ISO)" entwickelte optisch lesbare Schrift des Typs A

OCR-B
von der „European Computer Manufactures Association (ECMA)" entwickelte optisch lesbare Schrift des Typs B

OCS
1. office computer system
Computersystem zur Lösung von Aufgaben im Bürobereich

2. operations control system
Betriebssystem: Programmsystem zur Steuerung der Hardware einer Datenverarbeitungsanlage

3. optical computer system
Datenverarbeitungsanlage mit optischen Schaltelementen

OD
1. open drain
im nichtaktiven Zustand hochohmiger Ausgang einer Schaltung

2. optical disk
optische Speicherplatte; siehe auch CD-ROM

ODA
Office Document Architecture
Standardisierung logischer Strukturen und Formate von Dokumenten, die automatisch austauschbar sind

ODIF
Office Document Interchange Format
vereinheitlichtes Format zum Austausch von Dokumenten

zwischen einander fremden Systemen; siehe auch ODA

ODU
output display unit
Einrichtung zur Anzeige auszugebender Daten

OEA
Office of Export Administration
Behörde der USA im Department of Commerce (DOC) in Washington DC für Ausfuhrangelegenheiten

OECD
Organization for Economic Cooperation & Development
Zusammenschluß westlicher Staaten für gemeinsame Aufgaben auf Wirtschafts- und Entwicklungsgebieten

OEIC
opto electronic integrated circuit
auf einem Chip integrierte optische und elektronische Bauelemente; siehe auch OEIS

OEIS
optoelektronische integrierte Schaltung
auf einem Chip integrierte optische und elektronische (Transistoren) Bauelemente

OEM
original equipment manufacturer
Hersteller von Geräten, für andere Systeme

OEZ
osteuropäische Zeit
1 Stunde vor gegenüber der mitteleuropäischen Zeit; siehe auch MEZ

O-H
octal to hexadecimal
Umwandlung von oktal ver-
schlüsselten in hexadezimal bzw.
sedezimal verschlüsselte Zahlen

OIC
optical integrated circuit
optoelektronische Schaltung, IC

OIS
Office Information System
Informationssystem für Büro-
aufgaben

OJT
on the job training
Ausbildung durch praktisches
Arbeiten

OLC
online computer
Rechner, der online processing
betreibt

OLM
online monitor
Einrichtung zur direkten Steuerung und Überwachung

OLPARS
*online pattern analysis and
recognition system*
System zur direkten Analyse und
Erkennung von Schriften

OLPS
online programming system
System zur direkten Programmierung

OLRT
online real time
System zur direkten und schritthaltenden Verarbeitung von
Daten

OLSC
online scientific computer
Rechner zur direkten Lösung
von wissenschaftlichen Aufgaben

OLTP
online transaction processing
direkte Datenbankabfrage und
-pflege über interaktive Daten-
endgeräte

OLTS
online test system
System zur direkten Fehlererkennung

O&M
organization and methods
Arbeits- und Betriebsverfahren

OM
operational maintenance
funktionsfähige Wartung

OMI
Open Messaging Interface
Programmierschnittstelle zum
Erstellen von mail-fähigen Pro-
grammen für unterschiedliche
Hardware

OMP
1. operating maintenance panel
Wartungskonsole, Wartungsfeld
einer Zentraleinheit

*2. operating maintenance
procedures*
Prozeduren, die für die Wartung
durchzuführen sind

OMR
optical mark reader
Gerät zur Erkennung von Strichmarkierungen

ON
Ortsnetz
Fernsprechnetz innerhalb einer
Ortschaft

ONDA
Online Dauerprogramm für
Realzeitverarbeitung in
Sparkassen
Programmsystem der SNI für
Geldinstitute

OOL
Operator Oriented Language
Programmiersprache zur Lösung
von Aufgaben für die Bedienung
von Datenverarbeitungsanlagen

OP
1. Objektprogramm
in einer Maschinensprache vor-
liegendes Programm

2. operation
Befehl einer Datenverarbeitungsanlage

OPC
Operationscode
Befehlsverschlüsselung

OPDAC
optical data converter
Umwandler für optisch verschlüsselte Daten

OPL
old product line
auslaufende Fertigungsreihe
eines Unternehmens

OPPOSITE
optimization of a production
process by an ordered simulation
and iteration technique
Optimierung eines Produktions-
vorgangs durch Simulations- und
Iterationstechniken

OPTS
Online Program Testing System
System zum Testen von Pro-
grammen während des Betriebs

OQL
Online Query Language
Sprache zur direkten Abfrage
von Datenbankinhalten

OR
1. Operationsregister
Register einer Zentraleinheit
zur Speicherung der verschlüs-
selten Befehle

2. operations research
Verfahrensforschung, Unter-
nehmensforschung

ORBIT
Online Retrieval of Bibliographic
Data
Datenbanksystem für das
Wiederauffinden bibliografi-
scher Daten

ORGATECHNIK
Ausstellung für Organisation
und Technik in Büro und Betrieb
in Köln

ORGWARE
Organisationsware
alle als „Ware" darstellbaren
Teile von Organisationsver-
fahren zur Ergänzung von Hardware und Software zur ingenieurmäßigen Behandlung von
organisierten bzw. zu organisie-
renden Systemen, so z. B. auch
der elektronischen Datenverarbeitung selbst

OROM
optical read only memory
optischer Nur-Lese-Speicher

OS

operating system
Software eines Computersystems zur Steuerung von Programmabläufen, zur Behandlung von Eingabe- und Ausgabeanforderungen, zur Vergabe von Betriebsmitteln und zur Verwaltung von Daten

OSAM

overflow sequential access method
Zugriffsmethode zu Dateien

OSD

Open Systems Direction
systemtechnische Grundlinie (u. a. Architektur, Schnittstellen, Standards und Funktionen) der SNI

OSF

Open Software Foundation
Vereinigung verschiedener Rechnerhersteller zur Entwicklung von Anwendersoftware auf der Basis bestehender Standards, z. B. X/Open

OSI

Open Systems Interconnection
ein Architekturkonzept für Datenkommunikation zwischen technischen Informationssystemen. Dieses Architekturkonzept wurde von der ISO in einem Referenzmodell (auch Schichtmodell genannt, engl. reference model) dargestellt und veröffentlicht

OS/MVT

Operating System for Multiprogramming with a Variable Number of Tasks

Betriebssystem für die ineinandergeschachtelte Verarbeitung von in sich geschlossenen Aufgaben

OS/PCP

Operating System/Primary Control Program
Grundbetriebssystem

OS Q

Operating System Q
Betriebssystem der IBM für in der natürlichen Sprache (Layman's Language) geschriebene Programme

OWG

optical waveguide cables
Lichtwellenleiter; siehe auch LWL

OXIM

oxide isolated monolith
Isolationsverfahren der Planartechnik

P

P
polynomial time
Klasse von Problemen, die sich
mit deterministischen Maschinen bei akzeptablem Zeitaufwand lösen lassen

PABX
*private automatic branch
exchange*
Nebenstellenanlage: auf ein privates Grundstück beschränkte
Anlage zur Vermittlung von
Sprache, Texten und Daten;
siehe auch PaCT, PAX, PBX

PAC
1. personal analog computer
Personal Computer mit analoger
Datendarstellung

2. project analysis and control
Projektanalyse und -steuerung

PACE
*precision analog computing
equipment*
analoger Präzisionsrechner

PACS
*picture archiving and
communication system*
medizinisches Bilddatennetz

PACT
1. pay actual computer time
Abrechnungsverfahren für ver-
brauchte Rechenzeit

*2. programmed automatic circuit
tester*
Test- und Prüfgerät für elektronische Schaltungen

PaCT
PBX and computer teaming
Verbund und Kommunikation
von Nebenstellenanlagen (PBX)
mit Datenvermittlungsanlagen;
siehe auch PABX, PAX, PBX

PAD
1. packed assembler disassembler
komprimierter Übersetzer und
Rückübersetzer für Assemblerprogramme

*2. Paketierungs-/
Depaketierungseinrichtung*
Einrichtung für den Zugang zu
paketorientierten DÜ-Netzen,
z. B. Datex-P

PADRE
*portable automatic data
recording equipment*
tragbare, mobile Einrichtung
zum Erfassen von Daten

PADUA
*Programmsystem zur Abwick-
lung des Diagnose-Änderungs-
dienstes*
Programmsystem der SNI

PAEM
*program analysis and evaluation
model*
Modell zur Analyse und Bewertung von Programmen

PAL
1. Process Assembly Language
Programmiersprache zur Lösung
von Aufgaben der Prozeßdatenverarbeitung

2. programmable array logic
vom Anwender programmier-
bare Schaltung

PALC
Passengers Acceptance and Load Control
Programmsystem zur Überwachung von Flugzeugbeladungen

PALIS
Property and Liability Information System
Informationssystem für den Immobilienhandel

PAM
1. panvalet access method
Zugriffsmethode zu einem Dateisystem

2. primary access method
Verfahren für den Zugriff auf Daten

PAR
positive acknowledgement and retransmission
Übertragungsprotokoll mit positiver Rückmeldung und Rückübertragung

PARS
Programmed Airline Reservation System
Programmsystem zur Platzbuchung in Flugzeugen

PASCAL
1. Philips Automatic Sequence Calculator
programmgesteuerter Rechenautomat

2. problemorientierte höhere Programmiersprache, benannt nach dem französischen Mathematiker Blaise Pascal (1632 bis 1663), entwickelt von Prof. N.Wirth an der Technischen Hochschule Zürich (1968 bis 1971), geeignet für die strukturierte Programmierung

PASS
Personal Access Satellite System
Telekommunikationssystem der NASA

PASSAT
Programmsystem der SNI zur automatischen Selektion von Stichwörtern aus Texten

PAT
parametric artificial talking device
Gerät zur Sprachsynthese

PATE
programmed automatic test equipment
automatische Testeinrichtung

PAX
private automatic exchange
Nebenstellenanlage: auf ein privates Grundstück beschränkte Anlage zur Vermittlung von Sprache, Texten und Daten; siehe auch PABX, PaCT, PBX

PB
parity bit
Paritätsbit, Hilfsmittel zur Sicherung von Daten bei Speicherung und Übertragung

PBM
Pulsbreitenmudulation
Modulation, bei der als Signalparameter die Impulsbreite verändert wird

PBS
Plattenbetriebssystem
auf einem Magnetplattenspeicher hinterlegtes Betriebssystem

PBX
private branch exchange
Nebenstellenanlage: auf ein
privates Grundstück beschränkte Anlage zur Vermittlung von
Sprache, Texten und Daten;
siehe auch PABX, PaCT, PAX

PC
1. parity check
Paritätsprüfung, Paritätskon-
trolle: Prüfung der Paritätsbits
zum Feststellen von Lese- bzw.
Übertragungsfehlern

2. personal computer
ein in seiner Leistung und Ausstattung für den Einzelbenutzer
ausgerichteter Computer

3. plugable card
steckbare Baugruppe, Flachbaugruppe, Steckbaugruppe

4. primary cache
Zwischenspeicher (Notizblockspeicher) einer Datenverarbeitungsanlage für schnelle Daten-
und Befehlszugriffe; siehe auch
SC, MC

5. printed card
gedruckte Schaltung, Flachbaugruppe, Steckbaugruppe

6. production control
Fertigungssteuerung

7. program counter
Register einer Zentraleinheit
zur Steuerung der Reihenfolge
der auszuführenden Befehle

PCB
1. page control block
Steuerinformation der virtuellen
Speichertechnik für den Seiten-
wechsel

2. printed circuit board
gedruckte Schaltung, Flachbaugruppe, Steckbaugruppe

3. process control block
Steuerinformation für das
Betriebssystem zur Programm-
bearbeitung

4. program communication block
Steuerinformation für die
Kommunikation zwischen
Programmen

PCC
1. plastic chip carrier
Gehäuseform von integrierten
Schaltungen

2. process control computer
Rechner zur Steuerung von
physikalischen, chemischen und
technischen Prozessen

PC-DOS
*Personal Computer - Disk
Operating System*
auf Disketten hinterlegtes
Betriebssystem der IBM für
Personal Computer

PCE
process control element
Gerät zur Steuerung von physikalischen, chemischen und technischen Prozessen

PCG
Printed Circuit Generator
Programmsystem zum Entwer-
fen von integrierten Schaltungen

PCI
1. personal computer instruments
auf einem Personal Computer
basierendes Meßgerät

2. power control interface
Einschalt/Auschalt-Steuerung
zur zentralen, ferngesteuerten
Ein- oder Ausschaltung von externen Peripheriegeräten eines
DV-Systems

3. program controlled interrupt
gesteuerte Unterbrechung eines
Programms aufgrund einer
Unterbrechungsanforderung

PCM

1. plug compatible manufacturer
Hersteller von steckerkompatiblen Geräten für Datenverarbeitungsanlagen

2. Process Communication Monitor
Programm zur Steuerung und
Koordinierung der Prozeßkommunikation

3. pulse code modulation
Verfahren zur Umsetzung von
analogen in digitale Signale zur
digitalen Übertragung von Informationen

PCMI

photochromic micro image
Bezeichnung für einen Mikrofilmspeicher

PCN

Personal Communications Network
europäische Norm für drahtlose
Telefone

PCP

1. Peripheral Control Program
Programm eines Betriebssystems für die Steuerung peripherer Geräte

2. primary control program
Grundbetriebssystem

PCR

partial carriage return
Geräte- bzw. Übertragungssteuerzeichen der Datenfernverarbeitung: teilweiser Wagenrücklauf

PCS

1. Performance Control System
Teil eines Betriebssystems zur
Aufteilung der Betriebsmittel
einer Datenverarbeitungsanlage
auf einzelne Aufgaben

2. peripheral computer system
an einem Hauptrechner angeschlossener Peripherierechner

3. process control system
System zur Steuerung physikalischer, chemischer und technischer Prozesse

PCU

primary control unit
mehrfach einsetzbare Steuerung

PD

peripheral device
peripheres Gerät; Eingabe-Ausgabe-Gerät einer Verarbeitungseinheit

PDA

personal digital assistant
tragbarer Personal Computer
mit Kommunikationsfunktionen
und einfacher Bedienoberfläche

PDEL

Programming Language for Partial Differential Equations
Programmiersprache zur Lösung
mathematischer Probleme

PDF
primary flight display
Anzeigeinstrument in Flugzeugen

PDI
Personen-Identifikationssystem
der Siemens AG

PDIO
Photodiode, photodiode

PDIP
plastic dual inline package
Gehäuseform von integrierten
Schaltungen

PDL
Procedure Definition Language
Programmiersprache zur Fest-
legung von Prozeduren

PDM
Pulsdauermodulation
Modulation, bei der als Signalparameter die Impulsdauer verändert wird

PDN
*1. Programmsystem für Daten-
fernverarbeitung und Netzsteuerung*
Programmsystem der SNI für
Datenfernübertragungsaufgaben im TRANSDATA-System

2. public data network
öffentliches Paketvermittlungs-
netz zur Übertragung digitaler
Informationen

PDP
1. program definition phase
Abschnitt während der Pro-
grammerstellung, in dem das
Programm festgelegt und definiert wird

2. Programmed Data Processor
Bezeichnung für eine Rechner-
familie (Minicomputer) der
Digital Equipment Corporation,
Vorgänger der VAX-Familie

PDR
processing data rate
Berechnung der internen Rechnerleistung in Millionen bit je
Sekunde zur Festlegung von
Regeln für den Computer-
export; siehe auch CTP

PDT
programmable data terminal
programmierbares, intelligentes
Datenendgerät

PE
1. peripheral equipment
peripheres Gerät, Eingabe-Ausgabe-Gerät einer Verarbeitungseinheit

2. phase encoding
Richtungstaktschrift, PE-
Schrift, Zwei-Phasen-Schrift;
Aufzeichnungsverfahren für Da-
ten auf Magnetschichtspeicher

3. Prozeßelement
Eingabe-Ausgabe-Gerät eines
Prozeßrechners

PEARL
*Process and Experiment Auto-
mation Real Time Language*
problemorientierte Programm-
miersprache zur Lösung von
Aufgaben der Prozeßdaten-
verarbeitung

PEAS
*Physikalisches Eingabe-
Ausgabe-System*

Programm eines Betriebssystems zur direkten Steuerung peripherer Geräte einer Verarbeitungseinheit

PEIR
Process Evaluation and Information Reduction
Programmsystem zur Prozeßauswertung und Informationsreduzierung

PEL
picture element
kleinstes einzeln adressierbares Bildelement und somit Maßeinheit für die Auflösung eines Bildschirms, geschrieben „pixel", deutsch das Pixel

PELAKOS
Problemorientierte Eingabe für die Berechnung von statischen Feldern in ladungsgekoppelten Schaltungen
siehe auch CCD

PENTA
Programmsystem zur Entwicklungsautomatisierung digitaler oder analoger Netze in Flachbaugruppenbauweise
Programmsystem der SNI

PEP
1. planar epitaxial passivated
passivierter Transistor in Planartechnik

2. program evaluation procedure
Verfahren der Programmauswertung

PERCON
Peripheral Converter
Teil des BS2000 zur Übertragung

von Daten zwischen Datenträgern gleicher oder unterschiedlicher Art

PERM
Programmgesteuerte elektronische Rechenmaschine
Rechner älterer Bauart der Technischen Universität München

PERT
Program Evaluation and Review Technique
Methode zur grafischen Darstellung terminlicher Abhängigkeiten von Einzeltätigkeiten in größeren Vorhaben

PET
patterned epitaxial technology
Verfahren zur Herstellung integrierter Schaltkreise

PF
power factor
Leistungsfaktor

PFM
puls frequenz modulation
Modulation, bei der als Signalparameter die Frequenz verändert wird

PFS
physical file system
Dateisystem bezogen auf den direkten Speicherplatz

PFT
page frame table
Seitentabelle zur Aufteilung des virtuellen Speichers und zur Steuerung des Seitenwechsels

PG

1. peripheres Gerät
ein an einer Zentraleinheit unmittelbar angeschlossenes Gerät zur Eingabe, Ausgabe und Speicherung von Daten

2. Programmgenerator
Programm zur automatischen Erstellung von Programmen mit Hilfe von Parametern

PGA

1. pin gate array
Logikbausteine mit einer großen Anzahl von Anschlüssen

2. programmable gate array
programmierbare komplexe Logikschaltung

PGT

page table
Seitentabelle zur Aufteilung des virtuellen Speichers und zur Steuerung des Seitenwechsels

PHP

personal handy phone
Bezeichnung für schnurlose digitale Telefone

PI

1. plug in
Steckeinheit

2. program indicator
Code zur Kennzeichnung von Programmen

3. programmed instruction
programmierte Unterweisung, programmierter Unterricht; Methode zur Wissensvermittlung

4. Proportionalintegral
proportional wirkender und integrierender Regler

PIA

peripheral interface adapter
Anpassung peripherer Geräte an Schnittstellen

PIC

program interrupt control
Steuerung in der Verarbeitungseinheit zum Unterbrechen von Programmen

PICS

Production Information and Control System
System der IBM zur Produktions- und Fertigungssteuerung

PIFAL

Program Instruction Frequency Analyser
Programm zur Untersuchung von Befehlshäufigkeiten

PIFR

program interrupt flag register
Register in der Verarbeitungseinheit zur Anzeige von Programmunterbrechungen

PIL

Pittsburgh Interactive Language
interaktive höhere Programmiersprache

PILOT

Steuerprogrammsystem der SNI für integrierte Batchverfahren

PIM

impuls interval modulation
Verwendung von Impulsintervallen zu Übertragung von Informationen

pin
positive-intrinsic-negative
Zonenfolge bei Halbleitern mit
eigenleitfähiger Schicht

PIN
personal identification number
Kennnummmer mit der eine
Chipkarte ihrem Inhaber zuge-
ordnet ist; dadurch werden
Mißbräuche verhindert

PIN-Diode
Laufzeitdiode, Diode mit
zwischen p- und n-Zone nahezu
eigenleitfähiger (intrinsic)
Schicht

PIP
*programmable integrated
processor*
in einem System integrierter und
programmierbarer Rechner

PIPS
*production information
processing system*
System zur Produktions-
steuerung

PIR
program interrupt register
Register der Verarbeitungseinheit zur Speicherung von
Programmunterbrechungs-
anforderungen

PIRS
*Personal Information Retrieval
System*
Informationssystem zum Spei-
chern und Wiederauffinden von
Personaldaten

PIU
plug in unit
Steckmodul, Steckkarte, Flachbaugruppe

PIXEL
picture element
kleinstes einzeln adressierbares
Bildelement und somit Maßeinheit für die Auflösung eines Bildschirms, geschrieben „pixel",
deutsch das Pixel

PL
programming language
Programmiersprache

PL/1
*Programming Language
Number One*
höhere Programmiersprache zur
Lösung von Aufgaben aus dem
technisch-wissenschaftlichen
und dem kommerziellen Bereich

PLA
programmable logic array
programmierbare Rechnerlogik
für die LSI- und VLSI-Technik

PLAKOS
*Planungs-, Kosten-, Abrech-
nungs- und Kontrollsystem*
Programmsystem der SNI zur
Lösung betriebswirtschaftlicher
Aufgaben

PLAKOS-KE
*Planungs-, Abrechnungs- und
Kontrollsystem für Kosten- und
Ergebnisrechnung*
Programmsystem der SNI zur
Lösung betriebswirtschaftlicher
Aufgaben; siehe PLAKOS

PLAN
Problem Language Analyser
System zur Untersuchung höherer Programmiersprachen

PLANIT
Programming Language for Interactive Teaching
Programmiersprache für die Lösung von Aufgaben aus dem Bereich des rechnerunterstützten Unterrichts

PLATO
Programmed Logic for Automatic Teaching Operations
Programmsystem für den rechnerunterstützten Unterricht

PL/C
PL/1 Check Out Compiler
Testhilfesystem für in der PL/1-Sprache geschriebene Programme

PLC
programmable logic controller
programmierbare Steuerung

PLCC
plastic leaded chip carrier
Chip im Plastikgehäuse

PLIANT
Procedural Language Implementing Analog Techniques
prozedurorientierte Programmiersprache zur Implementierung analoger Techniken

PLKG
Prozeßleitgerät kombiniert für Eingabe- und Ausgabebetrieb
Eingabe-Ausgabe-Gerät zur Steuerung physikalischer, chemischer und technischer Prozesse

PL/M
Programming Language for Microcomputers
Programmiersprache für Mikrocomputer

PLP
physical layer protocol
FDDI-Standard für die Festlegung von Takt und Symbolsatz sowie Kodierungs- und Dekodierungsverfahren

PL/S
Programming Language for Systems
Programmiersprache der IBM zur Entwicklung von Betriebssystemen

PLT
program library tape
Magnetband mit gespeicherten Programmbibliotheken

PM
1. preventive maintenance
vorbeugende Wartung

2. programming method
Programmierverfahren

3. Pulsmodulation
Modulationsart, bei der als Informationsträger Pulse benutzt werden

PMC
pseudo machine code
nichtzulässiger Befehlscode

PMIS
Personal Management Information System
Informationssystem zur Speicherung von Personaldaten

PMOS
P-Kanal-MOS
z. B. Feldeffekt-Transistor mit
der Schichtenfolge Metall,
Oxyd, Silizium mit p-leitender
Schicht; siehe auch MOS

PMP
Product and Marketing Planning
System für Planung und Verkauf
von Produkten

PMS
Project Management System
System zur Verwaltung von
Projekten

PMT
1. page map table
Tabelle zur Verwaltung von
Seiten bei virtuellen Speicherverfahren

2. physical master tape
Stammband mit physikalischen
Systemdaten

PMTE
page map table entry
Eintrag in eine Tabelle zur Verwaltung von Seiten bei virtuellen
Speicherverfahren

PMU
parameter measuring unit
Prüfautomat zur Messung
analoger Parameter

PN
punch on
Geräte- bzw. Übertragungssteuerzeichen der Datenfernverarbeitung: Stanzer ein

pn
positiv-negativ
Folge von Zonen entgegen-
gesetzter Leitfähigkeit in Halbleitern; siehe auch np

PNA
project network analysis
projektorientierte Netzplantechnik

PNC
programmed numerical control
numerisch gesteuerte Maschinen

PNDC
parallel network digital computer
Netz mit parallel arbeitenden
Rechnern

PNK
Programmierter Netzknoten
Übertragungssteuerung im
TRANSDATA-System der SNI

pnp
positiv-negativ-positiv
Folge von Zonen entgegen-
gesetzter Leitfähigkeit in Halbleitern; siehe auch npn

POB
push out base
Diffusionsverfahren bei der
Halbleiterdotierung

POKAL
*Produktionsprogrammherstel-
lung mit Kapazitätsausgleich und
Liefertreminermittlung*
Programmsystem der SNI aus
dem Fertigungsbereich

POL

1. problem oriented language
problemorientierte Programmiersprache

2. procedure oriented language
Programmiersprache zur Erstellung von Prozeduren, die in einem Programm wiederholt benötigt werden

3. process oriented language
Programmiersprache zur Lösung von Aufgaben zur Steuerung von physikalischen, chemischen und technischen Prozessen

POP

1. particle oriented paper
magnetisch empfindliches Registrierpapier

2. programmed operators and primitives
programmierte Operatorfunktionen und Grundelemente

POS

1. point of sale terminal
elektronische Registrierkasse

2. primary operating system
Grundbetriebssystem eines Rechners

POSI

Promotional Council for OSI
Vereinigung führender japanischer Computerhersteller für internationale Normierungsarbeiten

PP

1. peripheral processor
Peripherierechner: an einem Eingabe/Ausgabe-Kanal einer Zentraleinheit (Host-Rechner) angeschlossener Rechner

2. pipeline processor
Rechner mit fließbandähnlicher Verarbeitung von Befehlen

PPAM

Privileged Primary Access Method
Dateizugriffsmethode des BS2000

PPI

pixels per inch
Pixel je Zoll, Pixeldichte, Maßangabe für das Auflösungsvermögen eines Bildschirmes oder Scanners

PPM

Pulsphasenmodulation
Modulation, bei der als Signalparameter die Lage der Impulse gegenüber einem Bezugszeitpunkt verändert wird

PPS

1. parallel processing system
System zur Parallelverarbeitung von Programmen

2. partitioned priority system
System mit unterteilten Prioritäten

3. problemorientierte Programmiersprache
zur Lösung für bestimmte Aufgaben angepaßte Programmiersprache

4. Produktionsplanung und Produktionssteuerung
Automatisierung der Warenströme, Informationsflüsse und Dispositionssysteme im Fertigungsbereich

PQA

protected queue area
geschützter Warteschlangen-
bereich eines Betriebssystems

PR

1. pattern recognition
automatische Erkennung von
Zeichen

2. physical record
Block; physikalische Einheit von
Daten

3. printer
Drucker; Ausgabegerät einer
Datenverarbeitungsanlage

4. Prozeßrechner
Rechner zur Steuerung physikalischer, chemischer und technischer Prozesse

PRA

page replacement algorithm
Verfahren zum Seitenaustausch
bei der virtuellen Speichertechnik

PRAKSI

*Programmsystem für Aufgaben
des konstruktiven Ingenieurbaus*
Programmsystem der SNI

PRAM

*programmable random access
memory*
programmierbarer Speicher mit
wahlfreiem Zugriff

PRAN

production analyser
Fertigungsanalysator

PRBS

pseudorandom binary sequence
pseudozufällige Binärfolge

PRE

prefix
Geräte- bzw. Übertragungssteuerzeichen der Datenfernverarbeitung: Bedeutungsänderung
der beiden Zeichenfolgen

PRF

pulse repetition frequency
Impulsfolgefrequenz

PRI

pulse repetition interval
Impulswiederholungszeitraum

PRISM

*1. parallel reduced instruction set
multiprocessing*
vereinfachte Befehlsstruktur
eines Rechners mit Multiprozes-
soreigenschaften zum schnellen
Abarbeiten von Operationen;
siehe auch CISC, RISC

*2. Program Reporting and Infor-
mation System for Management*
Berichts- und Informationssystem für die Verwaltung

PRISMA

*Permanent Reorganisierendes
Informationssystem Merkmal-
orientierter Anwenderdaten*
Datenbankverwaltungssystem
der SNI

PRO

Precision RISC Organization
Vereinigung von Anwendern
der RISC-Architektur

PROCAL

programmable calculator
programmierbare Rechen-
maschine

PROCOL
Process Control Oriented Language
prozeßorientierte Programmiersprache

PROCOMP
1. process computer
Rechner zur Steuerung physikalischer, chemischer und technischer Prozesse

2. program compiler
Übersetzer für höhere Programmiersprachen

PRODUCTRONICA
internationale Messe in München für Fertigungstechniker im Bereich der Elektronik

PROFIT
Programmed Reviewing, Ordering and Forecasting Inventory Technique
Programmsystem für Aufgaben der Lagerhaltung

PROFS
Professional Office System
Programmpaket der IBM, in dem mehrere typische Programme für das Büro zusammengefaßt sind, z. B. Textverarbeitung, „electronic mail"

PROLAMAT
International Conference on Programming Languages for Numerically Controlled Machine Tools
internationale Vereinigung zur Festlegung von Programmiersprachen für numerisch gesteuerte Werkzeugmaschinen

PROLOG
Programming in Logic
höhere Programmiersprache aus dem Bereich der künstlichen Intelligenz, entwickelt vom „Institute for New Generation Computer Technology" (ICOT), Japan

PROM
programmable read only memory
Nur-Lese-Speicher, Festwertspeicher, Permanentspeicher; Halbleiterspeicher dessen Inhalt gewöhnlich nur gelesen werden kann, jedoch per Programm vorab einstellbar ist

PROMIDA
Problemorientierte Programmiersprache für Mittlere Datentechnik

PROSA
Programmiersprache mit symbolischen Adressen
ältere maschinenorientierte Programmiersprache der Siemens AG

PROSEL
Process Control and Sequencing Language
Programmiersprache zur Lösung von Aufgaben der industriellen Prozeßsteuerung

PROSIT
Projektangebotsübersicht
Programmsystem der SNI

PRS
Prozeßrechnersystem
Rechner zur Steuerung physikalischer, chemischer und technischer Prozesse

PRT
portable remote terminal
mobiles, tragbares Datenendgerät

PS
1. packet switching
Paketvermittlung: Verfahren
zur Übertragung von Daten in
Netzen, mit Unterteilung der
Daten in Pakete und Übertragung der Pakete auf unterschiedlichen Wegen

2. Plattenspeicher
Magnetplattenspeicher; Speichergerät mit einer oder mehreren Magnetplatten

3. power supply
Stromversorgung

4. programmable switch
programmierbarer Schalter

5. program section
Abschnitt eines umfangreiche-
ren Programms

PS/2
Personal Computer der IBM mit
einem 32-bit-Bus (Mikrokanal)
und einem 32-bit-Mikro-
prozessor

PSC
*process communication
supervisor*
Steuerprogramm zur Über-
tragung von Daten in einem
Prozeßsystem

PSDN
packet switched data network
Paketvermittlung, paketvermittelte Übertragungswege

PSG
phrase structure grammar
Klasse formaler syntaktischer
Regelsysteme für Program-
miersprachen

PSK
phase shift keying
Modulation, bei der die Information durch Phasenumtastung des
Trägers übertragen wird

PSP
Plattenspeicher
Magnetplattenspeicher, Speichergerät mit einer oder mehreren Magnetplatten

PT
page table
Seitentabelle, Tabelle der virtuellen Speichertechnik zur Umwandlung von virtuellen in physikalische Adressen

PTB
*Physikalisch-Technische
Bundesanstalt*
Sitz in Braunschweig

PTC
positive temperature coefficient
positiver Temperaturkoeffizient
bei elektronischen Bauelementen; siehe auch NTC

PTE
page table entry
Eintrag in eine Seitentabelle der
virtuellen Speichertechnik

PTFE
Polytetrafluoräthylen
synthetisches Polymer, Kunst-
stoff

PTP
paper tape punch
Gerät zum Stanzen von Lochstreifen

PTR
paper tape reader
Gerät zum Lesen von Loch-
streifen

PU
1. Pegelumsetzer
auch Signalkonverter

2. peripheral unit
an einer Zentraleinheit angeschlossenes Gerät

3. physical unit
direkt adressierbares Gerät

4. processing unit
Verarbeitungseinheit, Teil einer
Zentraleinheit, in dem Befehle
eines Programms abgearbeitet
werden

5. programmierte Unterweisung
Methode der Wissensvermitt-
lung mit festgelegten Folgen von
Einzelschritten

6. Programmunterbrechung
Aussetzen eines Programms auf
Grund einer Unterbrechungsan-
forderung

PW
1. plated wire (-memory)
Magnetdrahtspeicher, mit einer
magnetischen Schicht überzoge-
ner Draht als Speichermedium

2. pulse width
Impulsdauer, Impulsbreite

PWM
pulse width modulation
Verwendung von Impulsbreiten
zur Übertragung von Informationen

PWP
printed wiring board
Leiterplatte

PWS
Programmwarteschlange
Aneinanderreihung von zufällig
eintreffenden Anforderungen
an ein Programm

Q

Q
Queue
Warteschlange; Aneinanderreihung von zufällig eintreffenden Anforderungen an ein Gerät oder Programm

Q0 bis Q7
Qualitätsstufen 0 bis 7
die Beurteilung sicherer IT-Systeme wird nach Qualitätskriterien vorgenommen, die in acht Qualitätsstufen (Q0 bis Q7) bewertet werden; siehe auch IT, ITSEC

Q0
Qualitätsstufe 0
Qualität als unzureichend erkannt

Q1
Qualitätsstufe 1
System wurde mit Hilfe einfacher Tests auf Erfüllung der Sicherheitsanforderungen geprüft

Q2
Qualitätsstufe 2
System wurde anhand der Spezifikationen methodisch getestet

Q3
Qualitätsstufe 3
Systemspezifikation wurde informell analysiert und auf Konsistenz mit Sicherheitsanforderungen geprüft

Q4
Qualitätsstufe 4
Systemspezifikation und Quellencode wurden informell analysiert und auf Konsistenz mit den Sicherheitsanforderungen geprüft

Q5
Qualitätsstufe 5
Systemspezifikation und Quellencode wurden mit semiformalen Methoden analysiert und auf Konsistenz mit den Sicherheitsanforderungen geprüft

Q6
Qualitätsstufe 6
Quellencode wurde sorgfältig auf Konsistenz mit der Spezifikation geprüft und das System wurde methodisch hinsichtlich der Erfüllung der Sicherheitsanforderungen getestet

Q7
Qualitätsstufe 7
Konsistenz zwischen Spezifikation und Quellencode wurden formal verifiziert. Das System wurde methodisch getestet und auf Erfüllung der Sicherheitsanforderungen geprüft

QA
1. quality assurance
Qualitätssicherung, Verfahren zur Sicherstellung der Funktionsfähigkeit von Produkten bezüglich Eignung für ihren Verwendungszweck

2. quality audit
Begutachtung der Wirksamkeit der Qualitätssicherung

3. query analyser
Einrichtung zur Analyse von Anfragen

QAP
quality assurance program
Programm zur Qualitäts-
sicherung; siehe auch QA

QC
quality control
Qualitätskontrolle, Qualitätsüberwachung

QCB
queue control block
Zusammenfassung von Steue-
rungsdaten für das Abarbeiten
von in einer Warteschlange
stehenden Anforderungen

QD
1. quality density
sehr hohe Speicherdichte einer
Diskette (floppy disk)

2. quick disconnection
schnelles Trennen einer beste-
henden Nachrichtenverbindung

QFD
quality function deployment
Methode zur qualitätsgerechten
Entwicklung von Produkten

QFP
quad flat package
Gehäuseform von Schaltungen,
realisiert in SMD-Technik

QIAM
queued indexed access method
Verfahren zum Abarbeiten von
Warteschlangen

QIC
quality insurance chain
mehrere zusammenhängende
Maßnahmen zur Gewährleistung
von Qualitätsanforderungen

QIS
1. Qualitätsinformationssystem
Datenbanksystem zur Speicherung von Informationen für die
Qualitätssicherung

2. Quality Insurance System
Qualitätssicherungssystem,
Qualitätsüberwachungssystem

QISAM
*queued indexed sequential access
method*
indexsequentielles Zugriffsverfahren der Warteschlangentechnik

QL
Query Language
Sprache für allgemeinverständ-
liche Formulierungen von Anfragen an Datenbanken

QL/1
Query Language One
Programmiersprache zur Formulierung von Anfragen an Datenbanken

QLP
query language processor
Rechner zur Bearbeitung von
Anfragen an Datenbanken

QNT
quantizer
Mengenregler

QR
quality requirement
Qualitätsanforderung,
Qualitätserfordernis

QSAM
queued sequential access method
sequentielle Zugriffsmethode in
der Warteschlangentechnik

QTY
quantity
Menge, Anzahl

QUABE
Qualitätsberichterstattung
Sammlung und Auswertung von
Mehrkosten zur Behebung von
Q-Mängeln (Fehlerkosten),
damit qualitätsmindernde
Schwachstellen erkennbar wer-
den

QUATTRO
Mehrplatzrechnerfamilie der
SNI für „offene Systeme"

QUED
quick editor
schnelle Bearbeitung von
Dateien

QUIP
query interactive processor
Rechner zur Bearbeitung von
Dateianfragen im Dialog

QUISAM
*queued index sequential access
method*
sequentielle Zugriffsmethode
mit Aneinanderreihung von zufällig eintreffenden Anforderungen; siehe auch QSAM

R

RA
1. random access
Zugriff zu einer in einem Speicher enthaltene Information,
unabhängig von der aufgezeichneten Reihenfolge
2. remote access
Zugriff auf gespeicherte Informationen mittels der Datenfernübertragung

RAC
random access controller
Steuerung für Magnetplattenspeicher

RACE
routing and cost estimate
Wegeleitung und Kosten-
abschätzung der Vermittlungstechnik

RACT
*remote access computer
technique*
Zugriffsmöglichkeit zu einem
Computer mittels der Datenfernübertragung

RAD
1. random access data
Zugriff auf gespeicherte Daten,
unabhängig von der aufgezeichneten Reihenfolge

2. random access disc
Plattenspeichergerät mit wahlfreiem Zugriff; Direktzugriff auf
gespeicherte Daten, unabhängig
von der aufgezeichneten Reihenfolge

3. rapid access data (file)
Verfahren für schnelle Zugriffe
auf gespeicherte Daten bzw.
Dateien

RADAS
*random access discrete address
system*
System mit wahlfreiem, direkten
Zugriff auf gespeicherte Daten
mittels diskreter Adressen

RADIR
*random access document
indexing and retrieval*
System zur Speicherung und
Wiederauffindung von Doku-
menteninformationen mittels
Indizierung und wahlfreien
Zugriffs

RAES
remote access editing system
System zur Aufbereitung von
Texten mittels Datensichtstationen

RAI
random access and inquiry
System mit wahlfreiem, direktem Zugriff auf gespeicherte
Daten mittels Anfragen

RAID
*1. Random Access Interactive
Debugger*
dialogfähiges Fehlersuchpro-
gramm mit wahlfreiem Zugriff

*2. redundant array of inexpensive
disks*
preisgünstige Plattenspeicher-
konfiguration kleiner Plattenspeicherlaufwerke

RAIDS
*automatic integrated dispatching
system*
automatisches Verteilersystem

RAINDX
Random Access Index Edit
Programm zur Ausgabe eines
Belegungsplans für Magnet-
plattenspeicher

RAINIT
Random Access Initializer
Programm zur Inbetriebnahme
von Magnetplattenspeichern

RAIR
*Random Access Information
Retrieval*
Speicherung und Wieder-
gewinnung von Informationen
mit Direktzugriffsspeichern

RAL
Ausschuß für Gütesicherung und
Kennzeichnung in Deutschland
mit Sitz in Bonn

RALLOC
random access allocation
Zuweisung von Speicherplätzen
mit wahlfreien, direkten
Zugriffen

RAM
1. random access memory
Direktzugriffsspeicher; Halbleiterspeicher oder Magnetplattenspeicher, zu dessen Speicherstellen in jeder beliebigen Folge
zugegriffen werden kann

2. rapid access memory
Speicher mit sehr kurzen Zu-
griffszeiten; Trommelspeicher,
Festkopf-Plattenspeicher

RAMIS
Rapid Access Management Information System
Informationssystem mit kurzen Zugriffszeiten

RAMM
random access metal oxide semiconductor memory
aus MOS-Speicherchips bestehender Direktzugriffsspeicher

RAMS
random access memory storage
Direktzugriffsspeicher; Speicher, auf dessen Speicherstellen in jeder beliebigen Folge zugegriffen werden kann

RANDAM
random access nondestructive advanced memory
zerstörungsfreier Speicher mit wahlfreiem Zugriff

RAP
resident assembler program
im Rechner zur Verfügung stehendes Assemblerprogramm

RAPCOE
random access programming and checkout equipment
System zur direkten Programmierung und zum direkten Programmtest

RAS
1. random access storage
Speicher mit direktem, wahlfreiem, ungeordnetem Zugriff

2. reliability, availability, security
Zuverlässigkeit, Verfügbarkeit, Sicherheit: Wahrscheinlichkeit, daß ein System oder Teile davon innerhalb eines bestimmten Zeitraums zur Verfügung stehen, d.h. nicht durch Fehlfunktionen ausfällt

RAV
Rechenzentrums-Abrechnungsverfahren für Systemleistungen
Teil des BS2000 zur benutzerbezogenen Leistungsabrechnung

RAX
Remote Access Computing System
Datenfernverarbeitungssystem der IBM

RB
1. remote batch
Stapelfernverarbeitung, Verarbeitung von Daten in einem Schub mittels der Datenfernverarbeitung

2. return to bias
Rückkehr zur Grundmagnetisierung, Speicherverfahren bei Magnetschichtspeichern

RBAM
Remote Batch Access Method
Teil des BS2000 für Kommunikationszugriffe im Fernstapelbetrieb

RBE
remote batch entry
Fernstation eines DV-Systems zur Bearbeitung von Batchaufgaben

RBM
real time batch monitor
Betriebssystem für schritthaltende Stapelverarbeitung

RBP

1. registered business programmer
Berufsbezeichnung des Programmierers in den USA

2. remote batch processing
Stapelfernverarbeitung, Verarbeitung von Daten in einem Schub mittels der Datenfernverarbeitung

RBQ

request block queue
Warteschlange zur Eintragung von Anforderungen an ein Gerät oder ein Programm

RC

1. redundancy check
Prüfung einer Nachricht auf Fehlerfreiheit mittels redundanten Informationen

2. remote computing
Datenfernverarbeitung; Betreiben einer Datenverarbeitungsanlage von beliebigen Orten aus mit Hilfe von Datenfernübertragungseinrichtungen

3. remote control
Fernsteuerung, Fernregelung

4. resistor capacitor
Reihen- oder Parallelschaltung eines Widerstands mit einem Kondensator

RCOM

Remote Communications
Teil des BS2000 zum Job/File-Transfer bei Rechnerkopplungen

RCT

resistor capacitor transistor
Schaltung bestehend aus Widerstand, Kondensator und Transistor

R&D

research and development
Bezeichnung für Forschung und Entwicklung; siehe auch FuE

RDA

Remote Data Access
Programmsystem der SNI für den Zugriff zu Datenbanken verschiedener Systeme

RDBMS

relational data base management system
relationales Datenbanksystem zur Herstellung von Beziehungen zwischen an unterschiedlichen Stellen hinterlegten Daten

RDC

remote data collection
Datenerfassung mit Hilfe der Datenfernübertragung

RDOS

realtime disk operating system
auf Magnetplattenspeicher hinterlegtes Betriebssystem zur schritthaltenden Verarbeitung von Daten

RDP

1. radar data processing
Auswertung von Radardaten mittels der Datenverarbeitung

2. remote data processing
Verarbeitung von Daten mittels der Datenfernverarbeitung

RDTL
resistor diode transistor logic
Schaltung bestehend aus Widerstand, Diode und Transistor

r.e.
recursively enumerable
rekursiv aufzählbar

RE
radio engineering
Gebiet der drahtlosen Übertragung von Nachrichten, Funktechnik

REACT
Record, Evaluated and Control Time System
Programmsystem der IBM zur Überwachung der Wirtschaftlichkeit von Computern

REBELL
Rechnergestützte Betriebslenkung leitungsgebundener Übertragungsanlagen der Deutschen Bundespost Telekom

REDIT
random access edit
Aufbereitung von Informationen eines Direktzugriffsspeichers

REFORS
Replacement Forecasting System
Programmsystem für die Vorhersage, wann es zum Austausch von Bauteilen kommt

REL
release
Freigabe, z. B. einer Programmversion

REM
Raster-Elektronenmikroskop
Abbildungsgerät für Oberflächen mit großer Schärfentiefe und guter perspektivischer Darstellung; englisch: SEM

RENM
ready for next message
Steuersignal der Datenfernübertragung

REPROM
reprogrammable read only memory
mehrfach programmierbarer Festwertspeicher

RES
1. Remote Access Editing System
System zum Aufbereiten von Daten mittels der Datenfernübertragung

2. restore
Geräte- bzw. Übertragungssteuerzeichen der Datenfernverarbeitung: Rückspeichern

RESI
Informationssystem der SNI zur Reaktionssicherheit

RETAIN
Remote Technical Assistance and Information Network
Informationssystem zur technischen Unterstützung im Fernbereich

RF
radio frequency
Bereich der elektromagnetischen Wellen für die drahtlose Nachrichtenübertragung

RFA
Remote File Access
Zugriff zu Dateien mittels der
Datenfernverarbeitung; Teil
eines Betriebssystems für Zugriffe auf Datenbestände anderer Rechner

RFD
ready for data
Geräte- bzw. Übertragungssteuerzeichen der Datenfernverarbeitung: Bereitmeldung für den
Datenempfang

RFI
remote file inquiry
Anfrage an eine Datei mittels
der Datenfernverarbeitung

RFP
request for proposal
Ausschreibung zur Einreichung
von Angeboten

RFS
remote file service
Netzprotokoll für Datenzugriffe
zwischen Rechnern

RG
Report Generator
Programmsystem zur Erzeugung
von Listen

RGL
Report Generator Language
Programmiersprache für die
Generierung von Listen

RGU
rechnergestützter Unterricht
durch einen Rechner gesteuerte
Unterweisung

RHS
right hand side
rechte Seite einer (Un-)
Gleichung; siehe auch LHS

RI
reliability index
Sicherheitskennzeichen

RIKS
Range Index Kollisions Strategie
Programmsystem zur Erstellung
von Stundenplänen

RIOS
Remote Input/Output System
Eingabe/Ausgabe-System eines
Betriebssystems für die Daten-
fernverarbeitung

RIS
*Requirements Planning and In-
ventory Control System*
Programmsystem zur Bedarfs-
planung und Bestandssteuerung

RISC
reduced instruction set computer
Rechner mit im Vergleich zu her-
kömmlichen Rechnern einge-
schränktem Befehlsvorrat, meist
auf Mikroprozessorbasis aufgebaut und mit nur wenigen schnellen Grundbefehlen zum Erhö-
hen des Programmdurchsatzes
und zum Vermindern der Komplexität

RITL
radio in the loop
Mobilfunksysteme und Systeme
mit festen Funkanschlüssen zur
Versorgung topologisch schwie-
riger Gebiete

RITS

remote input terminal system
System von Datenstationen zur
Ferneingabe von Daten

RJAD

Familie von Datenverarbei-
tungsanlagen der ehemaligen
Ostblockstaaten, sowjetische
Bezeichnung ESER

RJE

remote job entry
Eingabe von Aufträgen in eine
Datenverarbeitungsanlage mit-
tels der Datenfernverarbeitung

RL

1. record length
Länge eines zu speichernden
bzw. gespeicherten Satzes

2. resistor logic
aus Widerständen bestehende
Logikschaltung

RLD

relocation dictionary
Relativierungstabelle

RM

rod memory
Ferrit- bzw. Dünnschicht- oder
Stäbchenspeicher

RMC

rod memory computer
Rechner mit Stäbchenspeicher

RMM

read mostly memory
unmittelbarer der Verarbeitungseinheit zur Verfügung
stehender Speicher

RMOS

1. real memory operating system
Betriebssystem für physikalische
Arbeitsspeicheradressen

*2. refractory metal oxide
semiconductor*
Hochschmelz-Metalloxyd-
halbleiter

RMS

*1. Recovery Management
Support*
Programmsystem zur Fehler-
beseitigung

2. root mean square
quadratischer Mittelwert;
Effektivwert

RN

random number
durch einen Zufallszahlengenerator erzeugte Zahl

RO

round off
Auf- oder Abrunden einer Zahl

ROBIN

*Remote Online Business
Information Network*
Computernetz für den online-
Betrieb

ROCF

remote operator console facility
Einrichtungen zur Bedienung
eines Rechners mittels der
Datenfernverarbeitung

ROCP

remote operator control panel
abgesetzte Konsole zur Bedienung eines Rechners

ROCR

remote optical character recognition
optische Zeichenerkennung mittels der Datenfernübertragung

ROM

1. read only memory
Nur-Lese-Speicher, Permanentspeicher, Festwertspeicher: Speicher mit nichtveränderbarem Inhalt

2. read out memory
Nur-Lese-Speicher, Permanentspeicher, Festwertspeicher: Speicher mit nichtveränderbarem Inhalt

ROPP

receive only page printer
Seitendrucker mit reinem Empfangsbetrieb

ROS

1. read only storage
Nur-Lese-Speicher, Permanentspeicher, Festwertspeicher: Speicher mit nichtveränderbarem Inhalt

2. remote operation service
anwendungsunabhängiges Protokoll für Serviceleistungen im Rechnernetz (X.410)

ROTR

receive only typing reperforator
druckender Empfangslocher

RPC

row parity check
Prüfung der Daten einer Zeile auf Übertragungsfehler

RPF

Relativer Performance-Faktor
Maß der SNI für die Leistung eines Rechners bezogen auf eine Referenzanlage, Referenzmaschine

RPG

Report Program Generator
Listenprogrammgenerator, Generator zum vereinfachten Erstellen von individuellen Druckprogrammen

RPS

rotational positional sensing
Einrichtung von Magnetplattenspeichern zur Vorherbestimmung der Position von aufgezeichneten Daten

RPSM

resources planning and scheduling method
Methode zur Betriebsmittelplanung und Verfahrenssteuerung

RQ

request
Abfrage, Aufforderung

RS

1. record separator
Geräte- bzw. Übertragungssteuerzeichen der Datenfernverarbeitung: Untergruppentrennung

2. Register-Speicherbefehl
Gruppe von Befehlen für die Verarbeitung von Operanden, die sich in einem Register und im Hauptspeicher befinden

3. reset, set
Bauart einer Flip-Flop-Schaltung

RSA

*asymmetrisches Schlüssel-
verfahren*
von Rivest, Shamir und Adel-
mann entwickelt und zur Verschlüsselung von Nachrichten
eingesetzt; siehe auch DES

RSCIE

*remote station communications
interface equipment*
Übertragungsschnittstellen in
Datenfernstationen

RSPT

real storage page table
Seitentabelle der virtuellen Speichertechnik für die Verwaltung
des realen Hauptspeichers

RST

reset set trigger
Trigger einer Flip-Flop-Schaltung mit Setz- und Rücksetz-
eingang

RSTRT

restart
Wiederbeginn, Wiederanlauf
eines Programms

RSU

Rot/schwarz-Umschaltung
Farbbandumschaltung bei einer
Schreibmaschine

RT

1. receiver transmitter
Empfänger- und Übertragungs-
baustein

2. relocatable term
verschiebbarer Ausdruck, neu
zu adressierender Ausdruck

3. remote terminal
von einem Rechner abgesetzte
Datenstation

RTA

resident transient area
residenter Übergangsbereich

RTAM

*remote telecommunications
access method*
Zugriffsmethode zu zentralen
Einrichtungen der Datenfernverarbeitung

RTC

1. real-time computer
Rechner für eine schritthaltende
Datenverarbeitung

2. real-time control
Echtzeitsteuerung, Steuerung
mit einer schritthaltenden Bearbeitung von Anforderungen

RTCP

real-time control program
Steuerprogramm für eine
schritthaltende Datenverarbeitung

RTCS

real-time computer system
Computersystem mit einer
schritthaltenden Verarbeitung
von Daten

RTCU

real-time control unit
Steuerung für die Echtzeit-
verarbeitung von Daten

RTD

real-time display
Datensichtgerät für die Echtzeit-
anzeige von Vorgängen

RTDC

real-time data channel
Kanal zur Übertragung von
Echtzeitdaten

RTDHS

real-time data handling system
System zur Bearbeitung von
Echtzeitdaten

RTDTL

resistor, tunnel diode, transistor
Schaltung bestehend aus Widerständen, Tunneldiode und Transistor

RTE

real-time executive
Ablaufteil eines Betriebssystems
für Echtzeitaufgaben

RTEX

*real-time telecommunications
executive*
Ablaufteil eines Betriebssystems
für Echtzeitaufgaben der Datenfernverarbeitung

RT/IOC

real-time input/output controller
Steuerung für Eingabe/Aus-
gabe-Vorgänge mit Echtzeit-
anforderungen

RTIRS

*real-time information retrieval
system*
System zu Informationsspeicherung und Wiedergewinnung mit
Echtzeitverhalten

RTL

1. Real-Time Language
Programmiersprache zur Lösung
von Aufgaben aus dem Bereich
der Echtzeitdatenverarbeitung

2. resistor, transistor logic
Logikschaltungen bestehend aus
Widerständen und Transistoren

RTM

real-time monitor
Programm zur Steuerung von
Echtzeitaufgaben

RTMON

real-time executive monitor
Ablaufteil eines Betriebssystems
zur Steuerung von Echtzeitaufgaben

RTOS

real-time operating system
Betriebssystem zur Steuerung
von Echtzeitaufgaben

RTOS/VM

*Real-Time Operating System/-
Virtual Memory*
Betriebssystem zur Steuerung
von Echtzeitaufgaben mit virtueller Adressierung

RTP

1. real-time peripherals
periphere Geräte einer Zentraleinheit für Echtzeitaufgaben

2. real-time processing
schritthaltende Verarbeitung
von Daten, bei der der Zeitpunkt
der Verarbeitung von der Aufgabe bestimmt wird

3. real-time program
Programm zur Bearbeitung von
Echtzeitaufgaben

RTS

1. real-time system
System zur Bearbeitung von
Echtzeitaufgaben

2. remote terminal system
von einer Zentraleinheit abgesetzte Datenstationen

RTU
remote terminal unit
von einer Zentraleinheit abgesetzte Datenstationen

RTX
real-time executive
Ablaufteil eines Betriebssystems für Echtzeitaufgaben

RUSH
remote use of shared hardware
gemeinsame Benutzung von Hardware mittels der Datenfernverarbeitung

RVI
reverse interrupt
Geräte- bzw. Übertragungssteuerzeichen der Datenfernverarbeitung

RW
Rechenwerk
Teil der Zentraleinheit, in dem die Befehle ausgeführt werden

RWVRC
read write vertical redundancy check
senkrechte Redundanzprüfung, Querparitykontrolle bei Magnetbandspeichern zur Überprüfung auf Übertragungsfehler

RWW
read while write
Betriebsart eines Speichers mit gleichzeitigen Lese- und Schreibzyklen

RX
register index
Gruppe von Befehlen für die Verarbeitung von Operanden, die sich in einem Register mit Indexadressierung befinden

RZ
1. return to zero
Aufzeichnungsverfahren für Magnetschichtspeicher

2. Rechenzentrum

RZL
return to zero level
Aufzeichnungsverfahren für Magnetschichtspeicher

RZM
return to zero mark
Aufzeichnungsverfahren für Magnetschichtspeicher

S

S/3
System 3
Rechnerfamilie der IBM

SA
sequential access
Zugriff zu gespeicherten Daten in einer vorher festgelegten Reihenfolge

SAA
Systems Application Architecture
Benutzer- und Programmierschnittstellen der IBM mit Datenfernübertragungsunterstützung

SACNET
Secure Automatic Communications Network
Kommunikationsnetz der Atomenergiebehörde der USA

SADAP
simplified automatic data plotter
automatisch arbeitender Kurvenschreiber

SADC
sequential analog-digital computer
Computer zur seriellen Verarbeitung analoger und digitaler Daten (Hybridrechner)

SADIC
solid state analog-digital computer
aus Halbleiterschaltungen aufgebauter Computer zur Verarbeitung von analogen und digitalen Daten

SAF
scientific arithmetic facility
spezieller Befehlssatz zur Beschleunigung von numerischen Berechnungen mit gesicherter Genauigkeit

SAFIR
Standardisiertes Anwenderprogrammsystem Finanzbuchhaltung im Realzeitbetrieb
Programmsystem der SNI für das Finanzwesen

SAL
symbolic assembly language
maschinenorientierte Programmiersprache mit symbolischen Bezeichnungen für Befehle und Adressen

SALE
Simple Algebraic Language for Engineers
vereinfachte algebraische Programmiersprache für Techniker

SAM
1. semantic analyzing machine
semantischer Analyseautomat, Einrichtung zur Untersuchung von Zeichenfolgen einer Sprache

2. sequential access memory
Speicher mit Zugriff auf die gespeicherten Daten in einer vorher festgelegten Reihenfolge

3. sequential access method
Verfahren des Zugriffs auf gespeicherte Daten in einer vorher festgelegten Reihenfolge

4. serial access memory
Speicher mit Zugriff auf die gespeicherten Daten in einer vorher festgelegten Reihenfolge

5. sort and merge
Sortieren und Mischen von auf
externen Speichern einer Datenverarbeitungsanlage befindlichen Daten

SAPCH
*Semi Automatic Program
Checkout Equipment*
Programmsystem zum halb-
automatischen Testen von
Programmen

SAPIR
*System of Automatic Processing
and Indexing Reports*
Programmsystem zur automa-
tischen Verarbeitung und
Indizierung von Berichten

SAR
stack address register
Register einer Zentraleinheit
zur Adressierung des Keller-
speichers

SAS
storage address switch
Schalter zur Speicheradressierung

SAVE
*Siemens-Informationstechnik-
Anwenderverein*
Vereinigung von Anwendern
von Siemens DV-Anlagen, Zusammenschluß der Anwender-
vereine SCOUT und WASCO

SAVOY
*Siemens-Absatzvorhersage-
System*
Programmsystem zur
Prognoseunterstützung

SB
sense byte
Fehlerbyte zur Anzeige von
Fehlern im Eingabe/Ausgabe-
Bereich einer Zentraleinheit

SBA
*Siemens Network Architecture
for Office Automation*
Netzarchitektur der SNI nach
internationalen Normen (OSI)

SBC
1. single board computer
auf einer Flachbaugruppe,
Steckkarte, Platine angeord-
neter Computer

2. small business computer
kleine bis mittlere Datenverarbeitungsanlage für kommerzielle
Anwendungen

SBD
Schottky Barrier Diode
Schottky-Diode

SBR
storage buffer register
Register zur Zwischenspeicherung von Daten

SBT
six bit transcode
aus sechs bit aufgebauter Code
zur Übertragung von Nachrichten

SC
1. scanner
Gerät zum Abtasten von Informationen

2. secondary cache
zweite Zwischenspeicherebene
(Notizblockspeicher) einer Datenverarbeitungsanlage für
schnelle Daten- und Befehlszugriffe; siehe auch MC, PC

3. selector channel
schneller Eingabe/Ausgabe-
Kanal älterer Datenverarbeitungsanlagen zum Anschluß
peripherer Geräte

4. standard channel
zur Grundausstattung einer Zentraleinheit gehörender Eingabe/-
Ausgabe-Kanal

5. subchannel
Unterkanal eines Eingabe/Aus-
gabe-Kanals einer Zentraleinheit

6. supercomputer
Datenverarbeitungsanlage
hoher Leistung für technisch-
wissenschaftliche Anwendungen

7. symbol code
Zeichencode

8. system controller
Steuerung bzw. Überwachung
eines Systems

SCA
1. Speed Catalog Access
Teil des BS2000 zur Verbesserung der Flexibilität der Rechen-
zentrumsorganisation

*2. synchronous communications
adapter*
Anschluss für synchrone Daten-
übertragungseinrichtungen

SCAMPS
*small computer analytical and
mathematical programming*
Kleincomputer zur Programmierung mathematischer Aufgaben

SCAN
*Stockmarket Computer
Answering Network*

Computernetz zur Erteilung von
Börsenauskünften

SCAT
*systems configuration acceptance
test*
Abnahmetest einer installierten
Rechnerkonfiguration

SCATS
*sequentially controlled automatic
transmitter start*
Start einer automatischen Fern-
schreibeinrichtung

SCB
1. supervisor circuit breaker
Einrichtung zur Überwachung
und Unterbrechung eines Strom-
kreises

2. system control board
programmierbare Steuerung zur
Überwachung der wichtigsten
Funktionen eines Personal Computer

SCC
sequence controlled calculator
programmgesteuerter Rechner

SCCD
surface charge coupled device
integrierte Schaltung mit
ladungsgekoppelten Elementen
an der Oberfläche

SCCS
*1. software controlled
communications service*
programmgesteuerte Daten-
fernübertragung

2. Source Code Control System
Programmsystem zur Über-
prüfung des Quellencodes

SCERT
System and Computer Evaluation and Review Technique
problemorientierte Programmiersprache zur Lösung von Aufgaben größerer Komplexität

SCI
supervisor call instruction
Befehl zum Aufrufen des Ablaufteils eines Betriebssystems

SCIC
semiconductor integrated circuit
integrierte Halbleiterschaltung

SCM
small capacity memory
Speicher mit kleiner Kapazität

SCOB
Vereinigung von Anwendern von DV-Anlagen der SNI in der Schweiz

SCOPE
supervisor control of program execution
Überwachung und Steuerung des Programmablaufs

SCOUT
Siemens Computer User Team
Vereinigung von Anwendern von DV-Anlagen der SNI im industriellen Bereich; jetzt SAVE

SCP
1. Symbolic Conversion Program
Programm zur Umwandlung symbolischer Adressen und Befehle

2. system control processor
Rechner zur Steuerung und Überwachung eines Systems

3. system control program
Steuerprogramm, Ablaufteil eines Betriebssystems

SCSI
small computer system interface
Eingabe/Ausgabe-Schnittstelle zum Anschluß peripherer Geräte an Mikrocomputer

SCSL
Scientific Continuous Simulation Language
Simulationssprache für wissenschaftliche Aufgaben

SCT
1. surface charge transistor
ladungsgekoppelter Transistor

2. system component test
Prüfung von Systemteilen

SCU
1. scan control unit
Steuerung einer Abtasteinrichtung

2. secondary control unit
Hilfssteuerung

3. system control unit
Systemsteuerungseinheit

SD
1. Schnelldrucker
Paralleldrucker, Ausgabegerät einer Zentraleinheit; siehe auch SDR

2. Schottky diode
Bauelement der Schaltungstechnik

3. sequential disk
Magnetplattenspeicher mit festgelegter Reihenfolge der Zugriffe

4. signed digit
Ziffer einschließlich Vorzeichen

5. Standard
Betriebssystem BS2000 mit Standardfunktionen

6. system display
Bildschirm zur Anzeige von Funktionen verschiedener Systeme im Flugzeug

SDA

1. source data acquisition
Erfassung von Daten am Entstehungsort

2. source data automation
automatische Aufbereitung von Quellendaten

3. Standard Software für Dialoganwendungen
Betriebssystem BS2000 mit Standardfunktionen und Unterstützung des Transaktions- und Teilnehmerbetriebs

SDAP

Systems Development Analysis Program
Programm zur Analyse von Systementwicklungen

SDB

1. silicon direct bonding
Direktverdrahtung von Halbleiterchips auf Leiterplatten

2. standard device byte
Byte zur Hinterlegung von Zuständen eines Eingabe/Ausgabe-Kanals einer Zentraleinheit

SDDRL

Selfloading Disk Dump and Reload

selbstladender Teil des BS2000 zur Erstellung von Plattenspeicherauszügen

SDE

1. Standard Entry
Betriebssystem BS2000 mit Standardfunktionen und Unterstützung des Transaktions- und Teilnehmerbetriebs sowie lokale Stapelverarbeitung

2. software development environment
Werkzeuge zur Entwicklung von Software

SDFD

system data flow diagram
Diagramm zur Darstellung des Datenflusses in einem System

SDH

Synchrone Digitale Hierarchie
synchrones Netzprotokoll für optische Netze der Vermittlungstechnik

SDL

System Descriptive Language
systembeschreibende Programmiersprache

SDLC

synchronous data link control
synchrones, blockorientiertes Duplexverfahren zur Übertragung von Daten auf Leitungen

SDM

space division multiplexing
Unterteilung von zur Verfügung stehenden Einrichtungen nach dem Raummultiplexverfahren

SDR

Schnelldrucker
Paralleldrucker, an einer Datenverarbeitungsanlage angeschlossenes Ausgabegerät; siehe auch SD

SDTDL

saturated drift transistor diode logic
integrierte Schaltung spezieller Bauart

SDVA

Satelliten-Datenverarbeitung
Verarbeitung von Steuer- und Meßdaten von Satelliten

SE

1. simultaneous engineering
Strategie zur Optimierung der Produktentwicklung und zur wirkungsvollen und zeiteffizienten Projektabwicklung

2. systems engineer, auch systems engineering
Systemberater, Systemberatung, Systemingenieur, Systemengineering

SEAQ

Stock Exchange Automated Quotation
computergesteuertes Börseninformationssystem in London

SEC

simple electronic computer
einfacher, mit wenigen Befehlen arbeitender Elektronenrechner

SECL

sequential emitter coupled logic
Logikschaltung mit sequentieller Emitterkopplung von Transistoren

SECO

sequential coding
Codierung in einer vorher festgelegten Reihenfolge

SEE

software engineering environment
Arbeitsumgebung zur ingenieurmäßigen Entwicklung von Software

SEES

software engineering environment system
integrierte Werkzeuge zur ingenieurmäßigen Herstellung von Software

SEIS

Simulator für Echtzeit-Informationssystem
Programmsystem der SNI zur Simulation von Informationssystemen

SEKOM

SESAM-Kommunikationsmodul
Programm der SNI aus dem Bereich des Informationssystems SESAM zur Ausführung von Kommunikationsaufgaben

SEL

Selektorkanal
schneller Eingabe/Ausgabe-Kanal älterer Datenverarbeitungsanlagen zum Anschluß peripherer Geräte

SELC

symmetrical emitter coupled logic
Logikschaltung mit symmetrischer Emitterkopplung von Transistoren

SEM

1. scanning electron microscope
Abbildungsgerät für Oberflächen mit großer Schärfentiefe und guter perspektivischer Darstellung; deutsch: REM

2. severe environment memory system
Speicher, die unter extremen Umweltbedingungen arbeiten

SEMI

Semiconductor Equipment and Materials International
internationaler Verband der Halbleiter- und Werkstoffindustrie in den USA; siehe auch ICOTT

SEOP

secondary operand unit
Teil einer Zentraleinheit für die Aufbereitung von Operanden zur Befehlsausführung

SEPOL

Soil Engineering Problem Oriented Language
problemorientierte Programmiersprache zur Lösung ökonomischer Aufgaben

SESAM

1. Symbolische Eingabesprache für automatische Meßsysteme
Programmiersprache zur Lösung von Aufgaben aus der Meßtechnik

2. System zur elektronischen Speicherung alphanumerischer Merkmale
Datenbanksystem der SNI für lineare und relationale Datenbankstrukturen

SESIP

Systems Engineering Summary of Installations and Program Planning
Programmsystem der SNI zur Erstellung von Übersichten über installierte Konfigurationen und Programmplanungen

SESLINK

SESAM Linked in Data Base Handler
Programmteil des Datenbanksystems SESAM

SET

1. self extending translator
sich selbst erweiternder Übersetzer

2. system evaluation technique
Methode zur Bewertung eines Systems

SEVA

System Evaluation Program
Programm zur Bewertung eines Systems

SFL

Symbolic Flowchart Language
Programmiersprache zum Erstellen von Flußdiagrammen

SFU

Spannungs-Frequenz-Umformer

SG

Sichtgerät
Gerät zur analogen oder digitalen Darstellung von Daten oder Grafiken

SGT

1. segment table
Segmenttabelle der virtuellen

Speichertechnik zur Umwandlung virtueller in physikalische Adressen

2. silicon gate technology
Technik zur Herstellung integrierter Halbleiterschaltungen

SHARE
Society for Holding and Retrieving Wanted Data
Vereinigung von Anwendern von Datenverarbeitungsanlagen der IBM

SHREWD
System for Holding and Retrieving Wanted Data
Informationssystem zur Speicherung und Wiedergewinnung von gesuchten Daten

SHS
secure hash standard
zum DSS passende Hash-Funktion; siehe auch DSS

SI
Système International d'Unités
Internationales Einheitensystem

SIA
1. Semiconductor Industry Association
Verband der Halbleiterindustrie in den USA; siehe auch ICOTT

2. System Interfaces for Applications
Schnittstelle der SNI zwischen unterschiedlicher Systemsoftware

SIAS
Siemens Ablaufsimulator
Programmsystem der SNI zur Simulation von Modellen

SIC
semiconductor integrated circuit
Halbleiterschaltung, deren Bauelemente und Verbindungen auf einem gemeinsamen Stück Einkristall (meist Silizium) und in einem gemeinsamen Herstellungsprozess erzeugt werden

SICAD
Siemens Computer Aided Design
Programmsystem der SNI zur computerunterstützten Darstellung von grafischen Informationen

SICOB
Salon International de l'Informatique et de la Communication
internationale Ausstellung von Computern und Übertragungseinrichtungen in Paris

SICOG
Vereinigung von Anwendern von DV-Anlagen der SNI in den Niederlanden

SICOS
Simulation kontinuierlicher Systeme
Programmiersprache zur Simulation von Systemen

SICT
Scientific Inventory Control Technique
Programmsystem für die Lagerhaltung

SIDATA
Systeminstallation durch den Anwender
Unterlagen, Beschreibungen der SNI zur Installation und

Inbetriebnahme von Personal Computern durch den Anwender

SIERRA

Siestema Electronico RENFE Reserva Asientos y Vende Billetes
Platzbuchungs- und Reservierungssystem der spanischen Eisenbahn

SIG

Sichtgerät
Gerät zur analogen oder digitalen Darstellung von Daten oder Grafiken

SIGACT

Special Interest Group on Automation and Computability Theory
Arbeitsgruppe des ACM für Automatentheorie

SIGARCH

Special Interest Group on Computer Architecture
Arbeitsgruppe des ACM für Rechnerarchitektur

SIGART

Special Interest Group on Artificial Intelligence
Arbeitsgruppe des ACM für künstliche Intelligenz

SIGBDP

Special Interest Group on Business Data Processing
Arbeitsgruppe des ACM für kommerzielle Datenverarbeitung

SIGBIO

Special Interest Group on Biomedical Computing
Arbeitsgruppe des ACM für biomedizinische Datenverarbeitung

SIGCAPH

Special Interest Group on Computers and Physically Handicapped
Arbeitsgruppe des ACM für Datenverarbeitung für Behinderte

SIGCAS

Special Interest Group on Computers and Society
Arbeitsgruppe des ACM für gesellschaftspolitische Computeranwendungen

SIGCOMM

Special Interest Group on Data Communications
Arbeitsgruppe des ACM für Datenfernübertragungsprobleme

SIGCOSIM

Special Interst Group on Computer Systems Installation Management
Arbeitsgruppe des ACM für Computerinstallation

SIGCPR

Special Interest Group on Computer Personnel Research
Arbeitsgruppe des ACM für Personalentwicklung im Computerbereich

SIGCSE

Special Interest Group on Computer Science Education
Arbeitsgruppe des ACM für Computerausbildung

SIGCUE
*Special Interest Group on
Computer Uses in Education*
Arbeitsgruppe des ACM für
Ausbildung von Computer-
benutzern

SIGDA
*Special Interest Group on Design
Automation*
Arbeitsgruppe des ACM für
Automatisierung von Entwürfen

SIGDOC
*Special Interest Group on
Documentation*
Arbeitsgruppe des ACM für
Dokumentation

SIGGRAPH
*Special Interest Group on
Computer Graphics*
Arbeitsgruppe des ACM für
Computergrafik

SIGIR
*Special Interest Group on
Information Retrieval*
Arbeitsgruppe des ACM für
Informationsspeicherung und
-wiedergewinnung

SIGLASH
*Special Interest Group on
Language Analysis and Studies
in the Humanities*
Arbeitsgruppe des ACM für die
Analyse natürlicher Sprachen

SIGMAP
*Special Interest Group on
Mathematical Programming*
Arbeitsgruppe des ACM für die
Programmierung mathemati-
scher Probleme

SIGMETRICS
*Special Interest Group on
Measurement and Evaluations*
Arbeitsgruppe des ACM für
Meß- und Auswertungs-
probleme

SIGMICRO
*Special Interest Group on
Microprogramming*
Arbeitsgruppe des ACM für
Mikroprogrammierung

SIGMINI
*Special Interest Group on
Minicomputers*
Arbeitsgruppe des ACM für
Kleinrechner, jetzt SIGSMALL

SIGMOND
*Special Interest Group on
Management of Data*
Arbeitsgruppe des ACM für die
Verwaltung von Daten, früher
SIGFIDET

SIGNUM
*Special Interest Group on
Numerical Mathematics*
Arbeitsgruppe des ACM für
numerische Mathematik

SIGOPS
*Special Interest Group on
Operating Systems*
Arbeitsgruppe des ACM für
Betriebssysteme

SIGPC
*Special Interest Group on
Personal Computing*
Arbeitsgruppe des ACM für
Personal Computer

SIGPLAN
*Special Interest Group on
Programming Languages*
Arbeitsgruppe des ACM für
Programmiersprachen

SIGRAPH
*Interaktives Programmsystem
der SNI für die rechnerunterstützte Konstruktion in unterschiedlichen Bereichen*

SIGSAM
*Special Interest Group on
Symbolic and Algebraic
Manipulation*
Arbeitsgruppe des ACM für
symbolische und algebraische
Verarbeitung

SIGSIM
*Special Interest Group on
Simulation*
Arbeitsgruppe des ACM für
Simulation

SIGSMALL
*Special Interest Group on Small
Computing Systems and
Applications*
Arbeitsgruppe des ACM für
Kleinrechner und deren Anwen-
dungen, früher SIGMINI

SIGSOC
*Special Interest Group on Social
and Behavioral Science
Computing*
Arbeitsgruppe des ACM für Da-
tenverarbeitung im Bereich der
Sozialwissenschaften

SIGSOFT
*Special Interest Group on Soft-
ware Engineering*

Arbeitsgruppe des ACM für
ingenieurmässige Erstellung von
Software

SIGUCC
*Special Interest Group on
University Computing Centers*
Arbeitsgruppe des ACM für
Universitätsrechenzentren

SIJUS
*Siemens Nixdorf Justiz-
Anwendungen*
Programmsystem der SNI für die
Automatisierung von Justiz-
dienststellen

SIKONET
*Siemens Integriertes
Kommunikationsnetz*
Computernetz der SNI

SILINE
Programmsystem der SNI für
betriebswirtschaftliche Anwendungen für die Gebiete Produktion, Beschaffung, Vertriebs-
abwicklung, Finanzbuchhaltung,
Anlagenbuchhaltung und
Personalwesen

SILON
Siemens Lohn und Gehalt
Programmbaustein der Siemens
AG

SIM
Simulation, Simulator

SIMD
*single instruction stream/multiple
data stream*
Architektur für Rechner mit
hoher Leistung, bei der mehrere
Rechner mit gleichen Befehlen

unterschiedliche Daten bearbeiten, so daß z. B. eine vollständige Datenmatrix zur gleichen Zeit bearbeitet werden kann

SIMNET
Simulation Network
Computernetz der US-Streitkräfte für dreidimensionale Echtzeitsimulation von weltumspannenden, computerunterstützten Manövern; siehe auch VR

SIMP
Simulationsprogramm

SIMSCRIT
Simulation Programming Language
Programmiersprache für Simulationsaufgaben

SIMULA
auf ALGOL 60 basierende Simulationssprache

SINAP
Siemens Netzanalyse Programm

SINET
Programmsystem der SNI zur Planung von Netzen

SINETIK
Programmsystem der SNI für den Bereich der Netzplantechnik

SINIX
Betriebssystem der SNI für Mehrplatzrechner, aufbauend auf den Betriebssystemen UNIX bzw. XENIX

SINUMERIK
Siemens Numerik
Werkzeugmaschinen- und Robotersteuerungen der Siemens AG

SIP
single in-line plastic
Kunststoffgehäuse für integrierte Schaltungen

SIPE
System Internal Performance Evaluator
Programm zur Bestimmung der internen Systemleistung, Rechenleistung

SIPMOS
Siemens Power MOS
Technik zur Herstellung von integrierten MOS-Leistungstransistoren

SIPROS
Simultaneous Processing Operating System
Betriebssystem für die Simultanverarbeitung von Programmen

SIR
1. selective information retrieval
Wiederauffindung von ausgewählten Informationen

2. semantic information retrieval
Informationswiedergewinnung mittels Gruppen von Zeichenfolgen

SIRS
Salary Information Retrieval System
Informationssystem für Lohn- und Gehaltsabrechnung

SISD
single instruction stream single data stream
Rechnerarchitektur für die Verarbeitung einer Befehlsfolge und einer Datenfolge

SITA
Société Internationale de Télécommunications Aéronautique
Vereinigung von Luftfahrtgesellschaften für Nachrichtenübertragungsaufgaben

SITAR
System for Interactive Text Editing, Analysis and Retrieval
System für die dialogorientierte Textaufbereitung, Textanalyse und Textwiedergewinnung

SIU
scientific instruction unit
verschnellerter Befehlssatz für technisch-wissenschaftliche Anwendungen

SIVAREP
Siemens Wire Wrap Technik
Drahtwickeltechnik zur Verdrahtung von Rückwandlagen

SJCC
Spring Joint Computer Conference
Frühjahrsveranstaltung der AFIPS in den USA

SJP
stack job processing
Verarbeitung von in einem Speicherkeller befindlichen Aufträgen

SJQ
selected job queue
ausgewählte Warteschlange

SKP
Service- und Konsolprozessor
Einrichtung zur Unterstützung der Bedienung, Überwachung, Diagnostizierung und Wartung eines DV-Systems

SL
1. Satzlänge
Angabe über die Länge eines gespeicherten Satzes

2. source language
Quellensprache: Ursprungssprache, in der ein Programm formuliert ist

3. source library
in einem System befindliche Bibliothek zur Hinterlegung von Programmen in der Quellensprache

SLAMS
Simplified Language for Abstract Mathematical Structures
einfache Programmiersprache für abstrakte mathematische Strukturen

SLANG
Systems Language
Programmiersprache

SLC
single line controller
Einkanal-Datenfernübertragungssteuerung, Einrichtung zum Steuern einer Datenfernübertragungsleitung

SLDA
solid logic design automation
computergesteuerter Entwurf
von integrierten Halbleiterschaltungen

SLIP
Serial Line Internet Protocol
Programmsystem zur Kopplung
mehrerer SINIX-Rechner

SLMP
Self Loading Memory Print
selbstladendes Programm zur
Erstellung von Speicher-
auszügen

SLP
1. segmented level programming
Erstellung, Programmierung
von Programmen in Form von
Segmenten

2. selective line printing
Drucken von ausgewählten
Zeilen

3. single layer polysilicon
Einlagentechnik für die Herstellung von NMOS-Schaltungen

4. source language processor
Rechner zur Verarbeitung von
Programmen der Quellenspra-
che

SLPA
solid logic process automation
Automatisierung der Herstellung von integrierten Halbleiterschaltungen

SLS
Schriftlesesystem
System zur Erkennung von
Schriften

SLT
solid logic technology
Festkörperschaltungstechnik,
Technik der integrierten Schaltungen

SLTE
Self Loading Tape Edit
selbstladendes Programm zur
Erstellung von Magnetband-
auszügen

SM
1. shared memory
gemeinsam benutzbarer
Speicher

2. Software Monitor
Teil des BS2000 zum Erzeugen
von statistischen Daten über die
Systemleistung

3. surface mounted
oberflächenmontierbare Bauelemente; siehe auch SMD

4. synchronous modem
Einrichtung zum Umwandeln
digitaler in analoge Informationen und zum Übertragen von
Informationen im Synchronverfahren

SMALGOL
*Small Computer Algorithmic
Language*
algorithmische Programmiersprache für kleine DV-Anlagen

SMART
Sprachübersetzer von Englisch
in Deutsch, Französisch,
Italienisch und Spanisch

SMD
1. storage module drive
Antriebssystem für Magnetplattenspeicher

2. surface mounted device
oberflächenmontiertes Bauteil,
Bauform für eine spezielle Mög-
lichkeit der Montage von integrierten Schaltungen auf Flachbaugruppen und „Steckkarten"

SMG
Sortier-Misch-Generator
Generator zur Erzeugung von
Programmen für Sortier- und
Mischaufgaben

SMIT
segment map table entry
Verfahren der virtuellen Speichertechnik zur Umwandlung
von virtuellen in physikalische
Adressen

SML
Symbolic Machine Language
Programmiersprache mit symbolischen Ausdrücken für Befehle
und Daten

SMP
Systems Management Processor
Steuerprogramm für die Zentral-
einheit

SMT
surface mounted technology
Technologie der Oberflächen-
montage, Bestückung von Flachbaugruppen

S/N
signal to noise ratio
Verhältnis von Signal- und
Rauschpegel

SNA
1. system numerical attributes
numerische Systemkennzeichen

2. Systems Network Architecture
ein von der IBM entwickeltes
Kommunikationssystem mit
strukturierten Schichten für logische Formate, Protokolle und
Prozeduren

SNI
*Siemens Nixdorf Informations-
systeme AG*
Zusammenschluss des Bereichs
Datentechnik und Informations-
systeme der Siemens AG mit der
Nixdorf Computer AG

SNMP
*Simple Network Management
Protocol*
einfaches Netzmanagement-
protokoll für unterschiedliche
Netzarchitekturen von TCP/IP-
Netzen

SNOBOL
*String Oriented Symbolic
Language*
spezielle Programmiersprache
für das Bearbeiten von alphanumerischen Zeichenfolgen
bzw. Strings

SNOS
silicon nitride oxide silicon
Schichtenfolge in einem Halb-
leiterbauelement

SNUG
*Siemens Nixdorf Novell User
Group*
Anwendervereinigung von SNI
Novell-Netzen

SO
shift out
Geräte- bzw. Übertragungssteuerzeichen der Datenfernverarbeitung: Dauerumschaltung

SOAP
Symbolic Optimal Assembly Program
Assemblerprogramm mit symbolischen Adressen

SODA
1. source oriented data acquisition
Erfassung von Daten am Ort des Entstehens

2. System Optimization and Design Algorithm
Programmsystem für den Systementwurf und die Systemoptimierung

SOFT
Simple Output Format Translator
Übersetzer für einfache Formate

SOGETI
Société pour la Gestion de l'Entreprise et le Traitement de l'Information
Verband von Unternehmen der Datenverarbeitung in Frankreich

SOH
start of heading
Geräte- bzw. Übertragungssteuerzeichen der Datenfernverarbeitung: Anfang des Kopfes

SOI
silicon on isolator
Halbleitertechnologie, bei der Silizium zur Erzeugung komplexer Hybridschaltungen auf Isolationsmaterial aufgebracht wird

SOJUS
Software für Justiz
Programmsystem der SNI aus dem Bereich der Rechtsprechung

SOL
1. small outline large package
Gehäuseform von integrierten Schaltungen; siehe auch SMD

2. system oriented language
systemorientierte Programmiersprache

SOLAR
Shared Online Airline Reservation
Platzbuchungssystem für Luftfahrtgesellschaften

SOLID
SWIFT Online Interchange of Data
Programmsystem zum Austausch von Daten im internationalen Nachrichtenübertragungssystem der Geldinstitute

SOLIS
Software-Liefer- und Informationssystem
System zur Unterstützung der Abwicklung von Softwareaufträgen

SOLUM
Grundbucheintragungsverfahren
Programmsystem der SNI für das Katasterwesen

SOM
start of message
Beginn einer Nachricht

SONET

synchronous optical network
Weltstandard für optische Übertragungseinrichtungen der Kommunikationstechnik

SOP

1. small outline package
Gehäuseform von integrierten
Schaltungen; siehe auch SMD

2. Sortierprogramm
Programm zur Verarbeitung von
Sortieraufgaben

SOR

start of record
Satzanfang

SORT

Sortier-Mischprogramm des
BS2000 zum Sortieren und
Mischen von auf externen
Speichern hinterlegten Daten

SORTEN

Programm der SNI für die Abwicklung des Sorten- und Devi-
senverkehrs im Dialogverfahren

SOS

silicon on saphire
integrierte Schaltung mit Silicon
als Grundmaterial

SOT

syntax oriented translator
an den Regeln zur Bildung von
Zeichenfolgen ausgerichteter
Übersetzer

SOZIAL

*Steckbrieforganisiertes Zugriffs-
system für Informationsspeicherung und Auskunfterteilung bei
Landesversicherungsanstalten*
Programmsystem

SP

1. space
Gerätesteuerzeichen: Zwischenraum

2. structured programming
strukturierte Programmierung;
Methode zum Entwerfen, Doku-
mentieren und Ausarbeiten von
Programmen

3. Systempaket
Betriebssystem BS2000 mit fest-
gelegtem Funktionsumfang

SPA

space
Gerätesteuerzeichen: Zwischenraum; siehe auch SP

SPACE

*Symbolic Programming Anyone
Can Enjoy*
einfaches Programmiersystem
mit symbolischen Adressen für
Befehle und Daten

SPAG

*Standards Promotion and
Application Group*
Zusammenschluß führender
europäischer Computerhersteller (Brüssel) zur Überprüfung
des Einhaltens international festgelegter Normen (OSI) bei DV-
Produkte

SPARC

scalable processor architecture
in der Leistung abstufbare
RISC-Prozessoren

SPAT

silicon precision alloy transistor
Transistor in integrierter Halbleitertechnologie

SPC

1. storage programmed computer
speicherprogrammierte
Rechenanlage

2. stored program controlled
programmgesteuerte Einrichtung

SPCR

scratch pad control register
in einem Zwischenspeicher
befindliches Steuerregister

SPD

shareable private disk
von mehreren Anwendern
benutzbarer privater Magnetplattenspeicher

SPEC

*Systems Performance Evaluation
Cooperative*
Zusammenschluß von DV-
Herstellern zur Evaluierung von
Benchmark-Ergebnissen

SPG

sort program generator
Programmgenerator für das
Erzeugen von Programmen für
Sortier- und Mischaufgaben

SPITBOL

*Speedy Implementation of
SNOBOL*
Implementierungsprogramm für
den SNOBOL-Compiler

SPK

storage protection key
Schlüssel zum Schutz von
Speicherbereichen

SPL

*1. Symbolic Programming
Language*
Programmiersprache mit symbolischer Adressierung für Befehle
und Daten

*2. Systems Programming
Language*
vorwiegend zur Erstellung von
Betriebssystemen eingesetzt
Programmiersprache

SPLICE

*Shorthand Programming
Language in COBOL
Environment*
an COBOL orientierte
Programmiersprache zur schnel-
len Erstellung von Programmen

SPM

1. scratch pad memory
schneller Zwischenspeicher;
Notizblockspeicher einer
Zentraleinheit

2. sequential processing machine
Rechner mit sequentieller
Programmverarbeitung

SPOOL

*simultaneous peripheral
operations online*
Verfahren zur Ein-Ausgabe von
Daten mit Zwischenspeicherung
der zu verarbeitenden bzw.
verarbeiteten Daten

SPS

*speicherprogrammierbare
Steuerung*
Steuerung, deren Funktionen
durch Programmeinstellungen
realisiert sind

SPSR
Speicherschutzschlüsselregister
Register zur Aufnahme von
Speicherschlüsseln zum Schutz
von Speicherbereichen

SPT
symbolic program tape
Magnetband mit symbolischen
Adressen

SPUR
*Single Precision Unpacked
Rounded Floating Point Package*
Programm für Rechnungen der
Gleitkommaarithmetik mit ein-
facher Genauigkeit

SQ
squelch
Rauschsperre zur Ausblendung
des Grundrauschpegels

SQL/DS
*Structured Query Language/
Data System*
strukturierte Abfragesprache
für Datenbanken

SR
1. Speicherregister
Register zur Zwischen-
speicherung von Daten des
Hauptspeichers

2. subroutine
Unterprogramm, mehrfach
ansprechbares Teilprogramm
im Rahmen eines Haupt-
programms; siehe auch UP

SRAM
static random access memory
integrierte Schaltungen für Speicher, bei dem die gespeicherte
Information nicht von Zeit zu
Zeit regeneriert werden muß

SRL
System Reference Library
Systembibliothek eines Betriebs-
systems

SRM
single register machine
Rechner, der nur mit einem
Register arbeitet

SRQ
service request
Anforderungssignal einer peripheren Steuerung an die Zentraleinheit

SRS
seat reservation system
Platzbuchungssystem

SRU
schwarz/rot-Umschaltung
Gerätesteuerzeichen

SRW
stepwise refinement
Programmiermethode zur
schrittweisen Verfeinerung
(Iteration) von Programmen

SS
1. Satellitensystem
mit einem Rechner verbundenes
intelligentes Terminal

2. solid state
Festkörper, Halbleitertechnik

3. Speicher-Speicher-Befehl
Gruppe von Maschinenbefehlen
für die Bearbeitung von Operanden im Hauptspeicher

SSI

small scale integration
Integration von bis zu hundert
Bauelementen und deren Verbindungen durch einen Herstel-
lungsprozeß auf einem gemeinsamen Halbleiterkristall

SSL

1. Source Statement Library
Bibliothek eines Betriebssystems für im Quellencode
vorliegende Anweisungen bzw.
Programme

2. Support System Language
systemorientierte Programmiersprache

SSP

Scientific Subroutine Package
Programme der IBM für wissenschaftliche Anwendungen

SSS

1. sequential scheduling system
sequentielles Ablaufsteuerungs-
system

2. software specification sheet
Formular für die Spezifizierung
von Software

SSY

small systems
Klasseneinteilung von Computern, z. B. Kleinrechner, Work-
stations, Arbeitsplatzrechner
und Personal Computer

ST

1. Schmitt-Trigger
bestimmte Art einer Flip-Flop-
Schaltung

2. Steuerung
Gerätesteuerung zum Anschluß
peripherer Geräte an eine Zentraleinheit

STA

segment table address
Segmenttabelle der virtuellen
Speichertechnik zur Umwandlung von virtuellen in physikalische Adressen

STAIRS

*Storage and Information
Retrieval System*
Datenbanksystem der IBM

STAJ

Short Term Anti-Jam
Nachrichtenübertragungssystem
des Heeres der USA im Bereich
von 2 bis 30 MHz

STAMAT

Programmsystem der Siemens
AG zur Automatisierung von
Stahlwerken

STAPRO

*Saison- Trendanalyse- und
Prognosesystem*
Programmsystem der SNI

STAR

self testing and repairing
selbstprüfender und korrigieren-
der Rechner

START

*Studiengesellschaft zur Automa-
tion für Reise und Touristik*
europäisches Buchungs- und
Reisereservierungssystem der
START Holding GmbH für
Flugreisen, Bahntickets, Hotel-
reservierungen, Mietwagen und
für Reiseversicherungen

STDM

1. statistical time division multiplexing
zeitlich ineinandergeschachtelte Übertragung von unabhängigen Daten mit zufälliger Zeitaufteilung auf einem Kanal

2. synchronous time division multiplexing
ineinandergeschachtelte, synchronisierte Übertragung von unabhängigen Daten auf einem Kanal

STL

Schottky Transistor Logic
spezielle Art von Schaltungslogik

STM

1. synchronous transfer mode
synchroner Transfermodus in Telekommunikationsnetzen

2. system master tape
Systemband, Speichermedium auf dem das Betriebssystem untergebracht ist

STP

Steuerprogramm

STRUDL

Structural Design Language
Programmiersprache zur Lösung von Aufgaben aus dem Bereich des Strukturentwurfs

STS

scientific terminal system
für wissenschaftliche Aufgaben und Anwendungen einsetzbare Datenstationen

S-TTL

Schottky transistor transistor logic
Logikbaustein einer bestimmten Schaltungsart

STX

start of text
Geräte- bzw. Übertragungssteuerzeichen der Datenfernverarbeitung: Anfang des Textes

SU

1. scalar unit
Recheneinheit eines Vektorprozessors zur Ausführung von Skalarbefehlen; siehe auch VU

2. symbolic unit
symbolische Einheit

SUDT

silicon unilateral diffused transistor
einseitig diffundierter Siliziumtransistor

SUG

Anwendervereinigung von DV-Anlagen der SNI in Belgien

SUMC

space ultrareliable modular computer
Bordrechner zum Einsatz unter extremen Umweltbedingungen

SUSY

automatischer Sprachübersetzer der Universität Saarbrücken für Englisch, Französisch, Deutsch und Esperanto

SV
Supervisor
Steuerprogramm (Ablaufteil)
eines Betriebssystems zur Einleitung, Durchführung und Beendigung von Programmabläufen

SVC
supervisor call
Befehl eines Rechners zum Aufrufen des Betriebssystems

SVIP
System V Interface Definition
gemeinsame Schnittstelle zur
Portabilität der Software zwischen UNIX-Rechnern unterschiedlicher Hersteller

SVP
service processor
Rechner zur Überwachung und
Wartung einer Datenverarbeitungsanlage

SVV
Schnittstellenvervielfacher
Verbindung einer Leitung in
einer Zeiteinheit mit einer von
mehreren möglichen Leitungen

SW
Software
Sammelbegriff für die auf einem
Rechner ablaufenden Programme

SWIFT
*Society for Worldwide Interbank
Financial Telecommunications*
internationales Nachrichtenübertragungssystem der Geldinstitute

SWINC
*soft wired integrated numerical
controller*
numerische Maschinensteuerung mit festverdrahteten
Programmen

SX oder sx
simplex
Übertragung von Daten auf
einer Datenübertragungsleitung
nur in einer Richtung

SYCOM
synchronous communications
synchrone Übertragung von
Nachrichten und Daten

SYMPAC
*Symbolic Programming for
Automatic Control*
symbolische Programmierung
für Steuerungen

SYN
synchronous idle
Geräte- bzw. Übertragungssteuerzeichen der Datenfernverarbeitung: Synchronisierung

SYNSEM
syntax and semantics
Regeln zur Bildung von Zeichenfolgen und Zeichengruppen in
einer Sprache mit Festlegung
ihrer Bedeutung

SYS
System
komplexe Geräteanordnung zur
Verarbeitung von Daten durch
mehrere aufeinander abgestimmte Programme und durch
mehrere zu einer Familie gehörende Anlagen und Geräte eines
Herstellers

SYSLOG
system log
Datensatz zur Beschreibung des Systemzustandes

SYSPS
Symbolische Programmier-sprache
Sprache zur Erstellung von Programmen mit symbolischen Adressen und Befehlen

SYSRES
systemresidenter Speicher
Speicher zur Aufnahme des Betriebssystems

SZL
stör- und zerstörsichere Schaltung

T

TA
track address
Adresse einer Spur eines Magnetschichtspeichers

TA/s
Transaktionen je Sekunde
Maßeinheit für die Durchsatzrate eines DV-Systems

TAB
Tabulator
Einrichtung zum Einstellen von Funktionen einer Schreibmaschine oder Datenstation

TACSI
Terminal Attachment Concept in SINIX
Anschlußtechnik für Endgeräte, die mit Rechnern der SINIX-Familie kompatibel sind

TAL
Terminal Application Language
Programmiersprache für Datenstationen

TAM
1. teleprocessing access method
Zugriffsverfahren der Datenfernverarbeitung auf zentralen Programmen und Daten

2. terminal access method
Zugriffsverfahren für Datenstationen auf zentralen Programmen und Daten

TAP
1. Terminal Application Package
Programm für Terminalanwendungen

2. Time Sharing Accounting Package
Programm zur Abrechnung von Rechenzeiten im Teilnehmersystem

3. Time Sharing Assembly Program
Übersetzerprogramm für in maschinenorientierter Sprache geschriebene Programme des Teilnehmerbetriebs

TAPCA
tape automatic positioning and control
automatische Magnetbandpositionierung und -steuerung

TAR
1. temporary accumulator register
Register einer Zentraleinheit zur kurzzeitigen Zwischenspeicherung von Informationen; siehe auch TBR

2. transaction area
Auftragsbereich

TARGON
Rechnerfamilie der SNI für die Betriebssysteme UNIX/SINIX

TAS
1. terminal address selector
Anschlußadressenwähler

2. true airspeed
wirkliche Geschwindigkeit eines Flugzeugs, ermittelt aus Luftdruckwerten und Außentemperatur; siehe auch ADC,IAS

TAUM-METEO
Sprachübersetzer von der englischen in die französische Sprache für Wettervorhersagen in Kanada

TB
1. technische Beschreibung
zu einem Gerät gehörende technische Unterlage

2. terminal block
Anschlußblock

3. terminal board
Tisch zum Aufstellen einer Datenstation

4. time base
Zeitbasis

TBC
token bus controller
Verbindung zwischen einer Nachrichtenleitung einschließlich MODEM und einem lokalen Netz

TBG
Testbaugruppe
vorläufige Baugruppe zur Prüfung auf ordnungsgemäßes Arbeiten

TBM
1. terrabit memory system
Speicher mit einer Kapazität von über 1000 Milliarden bit

2. token bus modem
Anschluss für eine Nachrichtenleitung an ein lokales Netz

TBR
temporary base register
Hilfsregister einer Zentraleinheit zur kurzzeitigen Zwischenspeicherung von Informationen; siehe auch TAR

TBS

1. Teilnehmer Betriebssystem
Betriebssystem, mit dem viele
Benutzer von ihren Daten-
stationen aus gleichzeitig an
einer Datenverarbeitungsanlage
arbeiten können (time sharing
system)

2. Terminal Business System
kommerziell orientiertes Daten-
stationssystem

TC

1. telecommunications
Austausch von Daten zwischen
verschiedenen Orten mit Hilfe
von Datenübertragungseinrich-
tungen

2. teleconnect
digitales Sprachsystem zur
computergesteuerten Nachrich-
tenübermittlung

3. terminal computer
Satellitenrechner

4. terminal concentrator
multiplexende Einrichtung für
Datenendstationen

5. transmission control
Übertragungssteuerung

TCA

task control area
Verfahren zur Steuerung von
Aufgaben der virtuellen Spei-
chertechnik

TCAI

*tutorial computer assisted
instruction*
rechnerunterstützte Unterweisung, Unterricht

TCAM

*telecommunications access
method*
Zugriffsverfahren der Datenfernverarbeitung zu zentralen
Programmen und Daten

TCB

1. tape control block
auf einem Magnetband auf-
gezeichneter Datenblock mit
Steuerinformationen

2. task control block
Datenblock zur Steuerung von
Aufträgen

TCC

1. technical computing center
technisches Rechenzentrum

2. total COBOL capability
voll zur Verfügung stehende
Leistungsfähigkeit der COBOL-
Sprache

TCF

technical control facility
technische Steuerungs- und
Regelungseinrichtung

TCG

time controlled gain
zeitgesteuerte Verstärkung

TCM

terminal to computer multiplexer
im Zeitmultiplexverfahren
arbeitende Steuerung zur Verbindung von Datenstationen mit
einem Rechner

TCP/ID

*Transmission Control Protocol/
Internet*
Netzprotokolle des Verteidi-
gungsministeriums der USA,
Pentagon

TCP/IP

Transport Control Protocol/Internet Protocol
standardisiertes Protokol der Transportebene (OSI) für die Kommunikation zwischen Programmen unterschiedlicher DV-Systeme; entwickelt vom Verteidigungsministerium der USA

TCS

1. telecommunications control system
Steuerung zur Übertragung von Daten auf Datenfernübertragungsleitungen

2. telecommunications system
Datenfernübertragungssystem, Gesamtheit der Komponenten (Steuerung, Leitungen, Modems, Software usw.) für die Übertragung von Daten

3. terminal control system
System zur Steuerung von Datenstationen

TCSEC

Trusted Computer System Evaluation Criteria
Kriterienkatalog, auch „Orange Book" genannt, des Department of Defense (Verteidigungsministerium) der USA, in dem die Sicherheitsanforderungen an Informationssysteme definiert sind; siehe auch NCSC

TCU

1. tape control unit
Steuerung für Magnetbandgeräte zum Anschluß an Zentraleinheiten

2. terminal control unit
Steuerungseinheit von Datenstationen zum Anschluß an Zentraleinheiten

3. transmission control unit
Steuerung für die Übertragung von Daten

TD

1. time delay
zeitliche Verzögerung

2. time device
Zeitgeber

TDC

top desk computer
auf einem Tisch aufstellbarer Computer, Personal Computer, Mikrocomputer, Kleinrechner; siehe auch DTC

TDDL

time division data link
im Zeitmultiplexverfahren arbeitende Datenverbindung

TDL

tunnel diode logic
Schaltungslogik basierend auf einer Tunneldiode

TDM

1. Telemetric Data Monitor
Programm zur Steuerung von Fernmeßdaten (Telemetrie)

2. time division multiplexer
im Zeitmultiplexverfahren arbeitende Einrichtung; mehrere Übertragungskanäle werden zu einem Kanal zusammengefaßt

TDMA

time division multiple access
nach dem Zeitmultiplexverfahren gesteuerter Mehrfachzugriff

TDMS

time-shared data management system
Datenverwaltungssystem für den Teilnehmerbetrieb

TDO

Table of Denial Orders
vom Handelsministerium der USA herausgegebene Liste von nichtzulässigen Warenempfängern

TDOS

tape disk operating system
auf Magnetbandspeicher oder Magnetplattenspeicher hinterlegtes Betriebssystem

TDSV

Telekom-Datenschutzverordnung
bereichsspezifischer Datenschutz für Kommunikationsdaten der Deutschen Bundespost Telekom

TE

1. tape error
Fehler bei der Übertragung von Magnetbanddaten

2. trailing edge
Endflanke eines Pulses

TEAM

Programmsystem der SNI für die Lösung terminologischer und lexikographischer Aufgaben

TEB

tape error block
Übertragungsfehler in einem Magnetbanddatenblock

TEDIS

Tele-Dateninformationssystem
Informationssystem der IBM mit Datenfernübertragung

TEDIT

tape edit
Auszug von Magnetbanddaten auf einem Schnelldruckerprotokoll

TELAS

Telephone Application System
Zusammenarbeit von Computeranwendungen und privaten Nebenstellenanlagen

TELECOM

weltweite Austellung der Telekommunikationstechnik

TeleTrusT

Verein in Deutschland zur Förderung der Vertrauenswürdigkeit von Informations- und Kommunikationstechnik

TELEX

Teleprinter Exchange
Bezeichnung für den internationalen öffentlichen Fernschreibverkehr

TEMPEST

temporary emission and spurious transmission
Kriterien- und Maßnahmenwerk, das sich mit dem Phänomen der Abstrahlung befaßt und nach dem die Abstrahlungssicherheit von DV-Anlagen beurteilt wird. Abstrahlung nennt man die elektromagnetischen Wellen, die eine DV-Anlage bei ihrer Arbeit aussendet. Abstrahlung kann man registrieren, aus-

werten und daraufhin Schlüsse ziehen, was die Anlage tut und welche Daten sie verarbeitet, ohne daß man Zugriff auf die Anlage hat

TESTRAN
Test Translator
Makrobefehl zum Testen von Programmen in Assemblersprache

TEXTIR
Text Indexing and Retrieval
Programmsystem zur Textindizierung und -wiederauffindung

TFT
1. thin film technology
Dünnschichttechnologie in der Herstellung integrierter Schaltungen

2. thin film transistor
Transistor in Dünnschichttechnologie

TFTLC
thin film transistor liquid crystal
Dünnfilm-Flüssigkristall-Anzeige

THESAURUS
Thesaurus Pflege- und Ausdruckprogramm des Datenbanksystems GOLEM der SNI

TIA
Telecommunications Industry Association
Verband der Telekommunikationsindustrie in den USA; siehe auch ICOTT

TIAM
Terminal Interactive Access Method
Teil des BS2000 für Datenfernverarbeitungszugriffe im Teilnehmerbetrieb

TIES
Transmission and Information Exchange System
System zum Übertragen und Austauschen von Informationen

TIM
temperature independent material
temperaturunabhängiges Material

TIO
test input output
Prüfung der Eingabe/Ausgabe-Funktionen

TIOT
task input output table
Tabelle der Eingabe/Ausgabe-Aufgaben eines Betriebssystems

TIP
technical information processing
Datenverarbeitung für technische Informationen

TIPTOP
tape input tape output
Ein-Ausgeben von Magnetbanddaten

TIU
tape identification unit
Einrichtung zur Kennzeichnung von Magnetbändern

TJID
terminal job identification
Kennzeichnung von Aufträgen
für Datenstationen

TKD
technischer Kundendienst
Dienstleistung zur Wartung und
Behebung von Fehlern in
Anlagen und Geräte

TKT
Tonnenkilometer
Begriff aus der Luftfahrttechnik

TL
1. target language
Zielsprache

2. time limit
Zeitbegrenzung, Zeitschranke

TLP
term lease plan
Mietplan

TLT
telecommunication translator
Umsetzer von Daten für die
Datenfernübertragung

TLU
table look up
Suchtabelle

TM
1. tape mark
Bandmarke, Kennzeichnung
des für die Datenaufzeichnung
vorgesehenen Bereichs eines
Magnetbands

2. task memory
Speicher zur Aufnahme von
abzuarbeitenden Aufgaben

3. transaction mode
Teilhaberbetrieb; Betriebsweise
einer Datenverarbeitungsanlage
bei der Datenstationen nur mit
ganz bestimmten Anwender-
programmen verkehren können

4. Turing Machine
von A.M.Turing entwickeltes
Modell einer speicherprogram-
mierten universellen Rechenmaschine, Automatenmodell

TMCC
*time multiplexed
communications channel*
im Zeitmultiplexverfahren
arbeitender Übertragungskanal

TMN
*Telecommunications
Management Network*
computergestütztes Verwaltungssystem mit standardisierten
Schnittstellen für Netzeinrich-
tungen

TMS
1. Tape Management Software
Programmsystem zur Verwaltung von Magnetbanddateien

2. Time-shared Monitor System
Ablaufteil eines Betriebssystems
für die Multiprogrammverarbei-
tung

TMU
time measurement unit
Einrichtung zur Zeitvorgabe

TN
task number
Nummer zur Kennzeichnung
von abzuarbeitenden Aufträgen

TOD
time of day clock
in einer Datenverarbeitungsanlage eingebauter Uhrzeitgeber

TOF
top of form
Seitenanfangsstellung bei
Druckern

TOOS
*transaction oriented operating
system*
für den Transaktionsbetrieb
geeignetes Betriebssystem

TOP
1. Technical Office Protocol
OSI-Standardprotokolle für den
LAN-Einsatz in kommerzieller
(Büro)-Anwendung

2. Technical Office Protocol
Schnittstelle für Fertigungs-
automatisierungen

*3. training for opportunities in
programming*
Programmierausbildung für
gelegentliche Programmierer

TOPS
*Total Operations Processing
System*
Betriebssystem der IBM

TOPSY
Online Order Processing System
System zur Verwaltung von
Lieferaufträgen

TOS
1. Tactical Operating System
Betriebssystem für militärische
Anwendungen

2. tape operating system
auf einem Magnetbandspeicher
hinterlegtes Betriebssystem

3. time-sharing operating system
für den Teilnehmerbetrieb ein-
gerichtetes Betriebssystem

TOT
1. time of transmission
Übertragungszeit einer Nachricht

2. total outage time
totale Stillstandzeit, Ausfallzeit
eines Geräts, einer Anlage, eines
Systems

TP
1. teleprocessing
Gebiet der Datenfernverarbeitung

2. transaction processing
Transaktionsbetrieb: Übertragung und Verarbeitung einer zusammenhängenden Aufgabe
durch ganz bestimmte Anwenderprogramme

TPE
transmission parity error
bei der Übertragung von Daten
entstandener Paritätsfehler

TPF
Transaction Processing Facility
Einrichtung zur interaktiven
Datenbankabfrage und -pflege;
Programmsystem der IBM

tpi
track per inch
Anzahl der Spuren je Zoll (z. B.
eines Magnetschichtspeichers),
Einheit der Speicherdichte

TPINIT
Tape Initializer
Programm zur Vorbereitung
eines Magnetbands für die Aufnahme von Daten

TPINT
tape initial label
Bandanfangsmarke eines
Magnetbandes

TPL
*Telecommunications
Programming Language*
Programmiersprache zur Lösung
von Aufgaben der Datenfern-
übertragung

TPLAP
tape label
Name, Kennzeichnung eines
Magnetbands

TPU
1. task processor unit
Rechner zur Verarbeitung von
kompletten Aufträgen

2. terminal processing unit
peripherer Rechner eines Datenverarbeitungssystems

TQC
total quality control
absolute Qualitätsüberwachung

TQM
total quality management
Verfahren der Produktentwicklung zur Qualitätssicherung

TR
1. tape recorder
Tonbandgerät, Videogerät:
Gerät zur Aufzeichnung und
Wiedergabe von analogen Infor-
mationen

2. transmitter, receiver
Sender und Empfänger von
Informationen

TRAFIC
*Transportoptimierung und
Fuhrparkeinsatzplanung mit dem
Computer*
Programmsystem der SNI für
Transportaufgaben

TRAINS
*Integrated Traffic Informations-
System*
computergesteuertes System für
den Personen- und Güterver-
kehr im Bahnsektor

TRANS
transmitter
Einrichtung zur Übertragung
von Informationen

TRANSAC
*transistorized automatic
computer*
aus Transistoren aufgebauter
Rechner älterer Bauart

TRAP
Tourenplanung
Programmsystem der SNI für
Transportaufgaben

TRCVR
transceiver
Einrichtung zum Senden und
Empfangen von Informationen

TRENN
*Trennplan- und Schnittlisten-
erstellung*
Programmsystem der SNI

TRIM
tri mask process
Verfahren in der Halbleitertechnologie

TRINIDAD
*TRANSDATA integrierte
Datenerfassungs-Dienste*
Programmsystem der SNI zur
Steuerung der Erfassung von
Daten im Online-Betrieb

TRL
transistor resistor logic
ältere Schaltungslogik in der
Transistoren und Widerständen
verwendet werden

TROPHI
*Transportoptimierung für
Handel und Industrie*
Programmsystem der SNI für die
Lösung von Transportaufgaben

TROS
tape resident operating system
auf einem Magnetband hinterlegtes Betriebssystem

TRTL
transistor resistor transistor logic
aus der Kombination Transistor-
Widerstand-Transistor aufgebaute Schaltungen

TS
time-sharing
Zuteilung der Arbeitszeit eines
Computers abschnittsweise an
verschiedene Benutzer, Teilnehmerbetrieb

TSA
tree structured attribute
baumstrukturiertes Attribut

TSBP
time-sharing business package
kommerziell orientiertes Programmpaket für den Teilnehmerbetrieb

TSDM
*time-shared data management
system*
Datenverwaltungssystem für
den Teilnehmerbetrieb

TSDOS
*time-shared disk operating
system*
auf Magnetplattenspeicher
hinterlegtes Betriebssystem für
den Teilnehmerbetrieb

TSL
tri state logic
spezielle TTL-Schaltungstechnik

TSM
time-sharing monitor system
Betriebssystem für die Abarbeitung von Aufgaben im Teilnehmerbetrieb

TSN
task sequence number
Kennzeichnung von abzuarbeitenden Aufträgen durch Num-
mernfolgen

TSO
time-sharing option
Zusatzeinrichtung für den Teilnehmerbetrieb als Option

TSOC
time-sharing operating control
Steuerung (Betriebssystem) des
Teilnehmerbetriebs

TSOP
thin small outline package
Gehäuseform von integrierten
Schaltungen; siehe auch SMD

TSOS
time-sharing operating system
Betriebssystem für den Teilnehmerbetrieb: Zuteilung der Arbeitszeit eines Computers abschnittsweise an verschiedene
Benutzer

TSP
Trommelspeicher
Magnetschichtspeicher mit
zylindrischer Oberfläche

TSPS
*time-sharing programming
system*
Programmiersystem zur Erstellung von Programmen für den
Teilnehmerbetrieb

TSS
time-sharing system
Betriebssystem für den Teilnehmerbetrieb mit abschnittsweiser
Zuteilung der Computerzeit an
verschiedene Benutzer

TST
time-shared terminal
Datenstation für verschiedene
Benutzer

T&T
Telephone and Telegraph
öffentliche Vermittlungseinrichtungen in Japan

TTD
temporary text delay
Geräte- bzw. Übertragungs-

steuerzeichen der Datenfernverarbeitung: Übertragungsver-
zögerung

TTL
transistor transistor logic
aus Transistoren aufgebaute
bipolare Schaltungen

TTLS
*transistor transistor logic
Schottky*
schnelle Version der TTL-
Schaltungslogik

TTO
teletype output
Ausgabe auf einem Fernschreib-
gerät

TTTLS
*transistor transistor transistor
logic Schottky*
schnelle Version der TTL-
Schaltung

TTY
Teletypewriter
Gerät zum Senden und Empfangen von Nachrichten über Fern-
schreibleitungen

TURM
*Berechnung turmartiger
Bauwerke*
Programmsystem der SNI für
den Hochbau

TVG
time varied gain
zeitabhängige Verstärkung

TW
Typewriter
Schreibmaschine

TWA
*Technisch-wissenschaftliche
Anwendung*

TWX
teletypewriter exchange
Vermittlungseinrichtung für den
Fernschreibverkehr

TYMNET
*Tymshare International Data
Communications Network*
internationales Computernetz
der USA

U

UA
unassigned
nicht zugeteiltes Gerät, nicht
zugeteilter Speicherbereich

UAL
Universal Assembler Language
allgemeine, maschinenorientierte Programmiersprache

UART
*universal asynchronous receiver
transmitter*
Einrichtung zum Senden und
Empfangen von asynchron zu
übertragenden Daten

UAX
unit automatic exchange
automatische Vermittlungseinrichtung

UBC
universal buffer controller
universell einsetzbare Puffer-
steuerung

UC
upper case
Geräte- bzw. Übertragungssteuerzeichen der Datenfernverarbeitung: Großbuchstaben

UCLA
*University of California at
Los Angeles*

UCP
uniterruptable computer power
unterbrechungsfreie Stromversorgung für einen Computer

215

UCS
universal character set
allgemeiner Zeichensatz

UDAS
unified direct access standards
vereinheitlichte Normen für den
direkten Zugriff auf Dateien

UDB
*Universal Data Base Access
System*
universelles Datenbankzugriffs-
system

UDC
universal decimal classification
Dezimalklassifikation

UDR
universal document reader
Gerät zum Lesen von maschi-
nenlesbaren Zeichen

UDS
*Universelles Datenbank
Management System*
Datenbanksystem der SNI für
CODASYL- und relationale
Datenstrukturen

UHL
user header label
Etikett zum Schutz und zur Identifikation von Anwenderdaten

UID
universal identifier
universelles Kennzeichen

UIT
*Union Internationale des
Télécommunications*
internationaler Fernmeldeverein
mit Sitz in Genf

UL/1
User Language/1
höhere Programmiersprache zur
Lösung von kommerziellen Aufgaben

ULA
1. uncommitted logic array
ungebundene Schaltmatrix

2. universal logic array
universelle Schaltmatrix

ULC
universal logic circuit
universelle logische Schaltung

ULD
universal language description
universelle Beschreibung einer
Sprache, Metasprache

ULSI
ultra large scale integration
Bezeichnung für Chips mit Lei-
terbahnen im Submikronbereich

UM
1. unit of measure
Maßeinheit

2. unscheduled maintenance
außerplanmäßige Wartung

UNCOL
*Universal Computer Oriented
Language*
universelle Programmiersprache

UNCTAD
*United Nations Conference on
Trade and Development*
Rat für Handel und Entwicklung
(Welthandelskonferenz) der
Vereinten Nationen mit Sitz in
Genf

UNI
*Ente Nazionale Italiano di
Unificazione*
italienisches Normungsinstitut
mit Sitz in Mailand

UNICOL
*Universal Computer Oriented
Language*
allgemeine rechenorientierte
Programmiersprache; siehe auch
UNCOL

UNICOMP
Universal Compiler
universeller Übersetzer für in
höheren Programmiersprachen
geschriebene Programme

UNIPOL
*Universal Procedure Oriented
Language*
problemorientierte Programmiersprache mit Folgen von Anweisungen zur Ausführung von
Funktionen, die in einem Programm wiederholt benötigt
werden

UNISYS
Hersteller von Datenver-
arbeitungsanlagen in den USA

UNIX
weitgehend hardwareunabhängiges Betriebssystem für den
Einsatz auf Mini-, Mikro- und
Personal Computer

UP
1. Unterprogramm
mehrfach ansprechbares Teilprogramm im Rahmen eines
Hauptprogramms; siehe auch
SR

2. user programmer
Programmierer für Anwendersoftware

3. utility program
allgemeines Programm eines Betriebssystems zur Unterstützung
der Arbeiten mit dem Computer

UPAM
User's Primary Access Method
Dateizugriffsverfahren im
BS2000

UPC
universal product code
universelle Produktbenumme-
rung

UPL
*1. universal programming
language*
universelle Programmiersprache

2. User Programming Language
Programmiersprache zur Erstellung von Anwenderprogrammen

UPS
1. uniterruptable power supply
unterbrechungsfreie Stromversorgung

2. Unterschriften-Prüfsystem
System zum Vergleichen von
Unterschriften

URM
unlimited register machine
abstraktes Rechnermodell mit
unbeschränkt vielen Registern

US
unconditional stop
unbedingter Halt; Haltbefehl
eines Rechners zur Unter-
brechung eines Programms

USART

universal synchronous asynchronous receiver transmitter
universelle Einrichtung zum Senden und Empfangen von synchronen oder asynchronen Daten

USASCII

United States American Standard Code for Information Interchange
amerikanischer Normencode für den Austausch von Nachrichten; jetzt ASCII

USASI

United States of America Standards Institute
Normeninstitut der USA; jetzt ANSI

USER ID

user identification
Benutzerkennzeichen für die Berechtigung zum Benutzen eines Rechners bzw. von Programmen

USS

1. United States Standard
von den USA festgelegte Normen

2. universal scheduling system
allgemein verwendbare Vorrangsteuerung

USV

unterbrechungsfreie Stromversorgung

UT

utility
Dienstprogramme, Hilfsprogramme eines Betriebssystems

ÜT

Übertragungstelegrafie
Übertragung von Daten auf Übertragungsleitungen in Form von Stromimpulsen

UTC

universeller teletex controller
Anschluß eines Rechner als Teletex-Teilnehmer (Ttx-Anschluß) an öffentliche Vermittlungseinrichtungen

UTEC

University of Toronto Electronic Computer
Datenverarbeitungseinrichtungen der Universität von Toronto

UTL

user trailer label
Etikett zur Kennzeichnung von Benutzersätzen

UTM

Universeller Transaktions-Monitor
Teil des BS2000 für Erstellen und Betreiben von Transaktionsanwendungen

UTS

UNIX Timesharing System
für den Teilnehmerbetrieb geeignetes Betriebssystem für Mini-, Mikro- und Personal Computer

UTTC

Universal Tape-to-Tape Converter
universelles Programm zur Umsetzung von Magnetbanddaten

V

UUG
UNIX User Group
Vereinigung der UNIX-Anwen-
der

UVV
Unfallverhütungsvorschrift

UWBIC
*University of Washington Basic
Interpretative Compiler*
Programm der Universität von
Washington zur Ausführung von
nicht in der Maschinensprache
geschriebenen Anweisungen

V.24
CCITT-Empfehlung für Datenübertragung über Fernsprechnetze für Schnittstellenleitungen
zwischen Datenendeinrichtun-
gen und Datenübertragungs-
einrichtungen

V.25
CCITT-Empfehlung für Datenübertragung über Fernsprechnetze für automatische Wähl-
und/oder Anrufbeantwortungs-
einrichtungen im öffentlichen
Fernsprechwählnetz

V.26
CCITT-Empfehlung für Datenübertragung über Fernsprechnetze mit Modems für Über-
tragungsgschwindigkeiten von
2400 bit/s auf festgeschalteten
Vierdrahtleitungen

V.27
CCITT-Empfehlung für Datenübertragung über Fernsprechnetze mit Modems für Über-
tragungsgeschwindigkeiten von
4800 bit/s auf festgeschalteten
Leitungen

V.29
CCITT-Empfehlung für Datenübertragung über Fernsprechnetze mit Modems für Übertra-
gungsgeschwindigkeiten von
9600 bit/s auf festgeschalteten
Leitungen

VA

1. Volt-Ampère
Einheit der elektrischen Leistung: 1 Volt-Ampère = 1 Watt

2. voltage amplifier
Spannungsverstärker

VAC

1. value added carriers
Verfahren, Konzept der Datenfernübertragung in den USA

2. volt alternating current
Wechselstrom, meist AC

VADIS

*Vertriebliche Auftrags-
bearbeitung und Disposition*
Programmsystem der SNI zur Verwaltung von Ersatzteilen und Zubehörteilen

VALSAS

Variable Length Word Symbolic Assembly System
Assemblersystem mit symbolischen Adressen und unterschiedlichen Wortlängen

VAMP

vector arithmetic multiprocessor
Mehrprozessorsystem mit hoher interner Verarbeitungsleistung und mit paralleler Abwicklung meist gleichartiger Berechnungen, z. B. Simulationen oder Vektorrechnungen

VAN

value added network
Telefon- und Datenfernübertragungsnetz in den USA

VAP

Verarbeitungsprozessor
Teil eines Rechners, in dem die Befehle ausgeführt werden; siehe auch ALU,CPU

VARIAC

variable capacitor
in seiner Kapazität veränderbarer Kondensator

VAT

1. very advanced technology
zukunftsweisende Technologie

2. virtual address translator
Umsetzer für virtuelle in physikalische Adressen

VAX

Virtual Address Extension
Familie von wissenschaftlichen Minicomputern der Digital Equipment Corporation; siehe auch DEC

VC

validity check
Prüfung auf Gültigkeit, Plausibilität

VCA

voltage current adapter
Spannungsregler

VCNA

Virtual Communications Network Architecture
Architektur der IBM für virtuelle Rechnernetze

VCO

voltage controlled oszillator
spannungsgeregeltes Oszilloskop; siehe auch VSO

VCR
video cassette recorder
magnetisches Aufzeichnungs-
und Wiedergabegerät für Fern-
sehbilder

VD
1. Verdrahtungsprüfautomat
Gerät zur Prüfung von Verdrah-
tungen zwischen Bauelementen

2. voltage gain
Spannungsverstärkung

VDC
volt direct current
Gleichstrom, meist DC

VDES
voice data encoding system
System zur Erfassung von Daten
über Telefoneinrichtungen

VDI
1. Verein Deutscher Ingenieure
Interessensvertretung der Ingenieure in Deutschland

2. virtual device interface
physikalisch nicht vorhandene,
nachgebildete Schnittstelle

3. visual doppler indicator
optische Doppleranzeige

VDL
1. variable delay line
Leitung mit variabler Verzöge-
rungszeit

2. Vienna Definition Language
Wiener Definitionssprache

VDMA
*Verband Deutscher Maschinen-
und Anlagenbauer*

Interessenvertretung der
deutschen Maschinen- und
Anlagenindustrie mit Sitz in
Frankfurt a.M.

VDR
voltage dependent resistor
spannungsabhängiger Widerstand

VDRZ
*Verband Deutscher
Rechenzentren*
Interessensvertretung der
Rechenzentrumsbetreiber in
Deutschland

VDT
video display terminal
Datensichtgerät, Datensichtstation; siehe auch VDU

VDU
video display unit
Datensichtgerät, Datensichtstation; siehe auch VDT

VDW
*Verein Deutscher
Werkzeugmaschinenfabriken*
Interessenvertretung der Werk-
zeugmaschinenhersteller in
Deutschland

VEL
velocity
Geschwindigkeit

VEM
Ver- und Entschlüsselungsmodul
Einrichtung der SNI zum Ver-
und Entschlüsseln von zu über-
tragenden Daten; eingesetzt im
Geldinstitutebereich

VENUS

*Vermietungsgeschäft einschließ-
lich Nebengebiete und Statistik*
Programmsystem der SNI zur
Vermietung von Datenverarbeitungsanlagen

VERKDB

*Integriertes Vermessungs-
programmsystem einschließlich
Koordinatendatenbank*
Programmsystem der SNI

VERONA

*Vertragssparen mit Online- und
Stapelabwicklung*
Programmsystem der SNI aus
dem Geldinstitutebereich

VESUV

*Verfahren zur systematischen
Unterstützung des Vertriebs*
Programmsystem der SNI

V-Format

Datenformat mit Datenblöcken
variabler Länge

VfT

Verband für Textverarbeitung
Interessenvertretung der text-
verarbeitenden Computerindustrie

VFT

voice frequency telegraphy
Wechselstromtelegrafie

VFU

vertical format unit
vertikale Formateinheit

VGA

video graphics adapter
Verfahren zur Steuerung
grafischer Einrichtungen im
PC-Bereich

VHS

video home system
magnetisches Aufzeichnungs-
und Wiedergabegerät für Fern-
sehbilder

VHSIC

very high speed integrated circuit
integrierte Schaltung mit sehr
kurzen Schaltzeiten

VICC

*visual information control
console*
Konsole, Bedienungseinrichtung mit optischer Informations-
anzeige

VIE

visual indicator equipment
optische Anzeigeeinrichtung

VIM

verallgemeinerte Indexmethode
Verfahren für den Zugriff auf
Daten mit Indexlisten

VINITI

Sprachübersetzer der UdSSR
für Patente von der deutschen,
französischen und englischen in
die russische Sprache

VIP

*1. variable information
processing*
Verarbeitung von veränder-
lichen Informationen

2. virtual instruction package
Befehlsteil einer Zentraleinheit
für Operanden mit virtueller
Speicheradressierung

3. visual indicator panel
optische Anzeigeeinheit

VISAM
virtual index sequential access method
Verfahren für den Zugriff auf Daten mit Indexlisten bei virtueller Speicheradressierung

VITAL
Variable Initialized Translator for Algorithmic Languages
Sprachübersetzer für algorithmische Sprachen mit änderbaren Ausgangsdaten

VLED
visible light emitting diode
Leuchtdiode, lichtemittierendes Bauelement

VLSI
very large scale integration
Integration von einigen hunderttausend Bauelementen und deren Verbindungen auf einem Chip

VM
1. Virtual Environment
Betriebssystem der IBM für Rechner mit virtueller Speichertechnik

2. virtual memory
Speicher, der ohne Berücksichtigung der physikalischen Grenzen des Hauptspeichers einem Programm zur Verfügung steht

3. virtual multi access
Vielfachzugriff bei der virtuellen Speichertechnik

4. virtuelles Maschinensystem
System zum gleichzeitigen Betreiben mehrerer voneinander getrennter Betriebssysteme auf einer DV-Anlage

VMA
valid memory address
gültige Speicheradresse

VM/CMS
Virtual Environment/ Conversational Monitor System
Betriebssystem der IBM mit virtueller Speichertechnik und dialogorientierter Steuerung von Programmen

VMM
Virtual Machine Monitor
Steuerung zum gleichzeitigen Betreiben mehrerer getrennter Betriebssysteme auf einer Anlage

VMOS
Virtual Memory Operating System
Betriebssystem mit virtueller Speicheradressierung

VMS
Variable Memory System
Betriebssystem der IBM mit änderbarer Speicheradressierung

VM/SNA
Virtual Environment/Systems Network Architekture
Betriebssystem der IBM für Computernetze mit virtueller Adressierung

VMTSS
Virtual Machine Time Sharing System
Betriebssystem für virtuelle Maschinen im Teilnehmerbetrieb

VOCODER

voice coder and decoder
Gerät zum Umsetzen von
Sprache in Daten und Daten in
Sprache

VOL

*1. Verdingungsordnung für
Leistungen*
Vertragsregeln der Behörden in
Deutschland

2. volume
Datenmenge

3. volume label
Datenträgerkennsatz

VP

vector processor
Rechner mit hoher interner Verarbeitungsleistung und mit paralleler Abwicklung meist gleichartiger Berechnungen, z. B. Simulationen oder Vektorrechnungen

VPE

vapor growth epitaxy
Gasphasenepitaxie

VR

virtual reality
Verfahren, in dem die Wahrneh-
mungs- und Aktionsorgane des
Menschen möglichst direkt mit
einem DV-System verbunden
werden, so daß es für den
Menschen möglich wird, sich in
einem computergenerierten Si-
mulationsmodell verhalten zu
können. Eingesetzt beim Entwerfen von Gebäuden, zum virtuellen Begehen oder zum Training chirugischer Eingriffe am
Modell eines Patienten; siehe
auch SIMNET

VRC

vertical redundancy check
Querprüfung, Vollständigkeits-
prüfung beim Lesen von auf
einem Magnetband aufgezeichnete Daten

VRMS

volt root mean square
quadratischer Mittelwert;
Effektivwert der Spannung

VS

1. virtual storage
Speicher mit virtueller Adressierung

2. virtual system
Rechnersystem mit virtueller
Speicheradressierung

VS1, VS2

Virtual Storage 1,2
Betriebssystem der IBM in verschiedenen Ausbaustufen mit
virtueller Speichertechnik

VSAM

virtual storage access method
Verfahren zur Adressierung von
virtuellen Speichern

VSN

volume serial number
fortlaufende Nummerierung für
Datenträger

VSO

voltage sensitive oscillator
spannungsgeregeltes Oszilloskop; siehe auch VCO

VSOP

very small outline package
Gehäuseform von integrierten
Schaltungen; siehe auch SMD

VT

1. video terminal
Datensichtgerät; Datensichtstation zur digitalen und analogen Darstellung von Daten und
Grafiken

2. Videotext
Ergänzung des Fernsehens;
Texte, Informationen werden
mit den Fernsehbildern
übertragen

VTAM

*Virtual Telecommunications
Access Method*
Programmsystem der IBM zur
Steuerung der Datenfernüber-
tragung mit virtueller Adressie-
rung

VTOC

volume table contents
Inhaltsverzeichnis eines Daten-
trägers

VTR

video tape recorder
magnetisches Aufzeichnungs-
und Wiedergabegerät für Fern-
sehbilder

VTSU

Virtual Terminal Support
Programmsystem der SNI zur
Entkopplung von Benutzer-
programmen

VU

vector unit
Recheneinheit eines Vektor-
prozessors zur Ausführung von
Vektorbefehlen; siehe auch SU

VUPS

VAX Units of Performance
Maß der Digital Equipment
Corporation (DEC) für die
interne Leistung eines Rechners

W

WACK
wait before transmit positive acknowledgement
Geräte- bzw. Übertragungssteuerzeichen der Datenfernverarbeitung

WAERME
Programmsystem der SNI zur Berechnung von Heißwassernetzen

WAN
wide area network
Verbindung von an unterschiedlichen geographischen Orten installierten Rechner

WAPT
wait before transmit
Geräte- bzw. Übertragungssteuerzeichen der Datenfernverarbeitung

WASCO
Wissenschaftlich-technische Vereinigung der Anwender von DV-Anlagen der SNI; jetzt SAVE

WATS
Wide Area Telecommunications Services
Datenfernübertragungsdienste der AT&T in den USA

WBDL
wide band data link
breitbandige Leitung zur Übertragung von Daten

WCM
write control memory
Mikroprogrammspeicher, Schreib-Lesespeicher; Speicher zur Aufnahme von Steuerinformationen

WCS
writable control storage
programmierbarer Festwertspeicher zur Aufnahme von Steuerinformationen

WD
1. warning display
Anzeige von technischen Störungen im Flugzeug

2. winchester disk
Magnetplattenspeicher, bei dem Magnetplatte und Magnetköpfe eine Einheit bilden

WE
write enable
Steuersignal für die Freigabe des Schreibzyklus bei integrierten Speicherbausteinen

WEGA
Weiterleitung von G-Abrechnungen
Datendrehscheibe für den gesamten beleglosen Abrechnungsverkehr unterschiedlicher Bereiche der Siemens AG

WEZ
westeuropäische Zeit
Zeit bezogen auf den Nullmeridian, der durch Greenwich verläuft (gegenüber der MEZ 1 Stunde nach); siehe auch GMT

WH
watt hour
Wattstunde auch Wh

WIMMIX
*World Wide Military Command
and Control System*
militärisches Führungssystem
der Streitkräfte der USA

WIND
*Weather Information Network
and Display*
computergesteuertes Netz zur
Übertragung und Anzeige von
Wetterdaten

WJCC
*Western Joint Computer
Conference*
jährlich an der Westküste der
USA stattfindende Computer-
konferenz

WL
Wortlänge
Folge von bits, Bytes oder Zeichen, die von einem Rechner zusammenhängend verarbeitet
werden

WLAN
wireless local area network
örtliches Netz innerhalb eines
begrenzten Bereichs für die
drahtlose Übertragung von
Daten; siehe auch LAN

WORDCOM
word computer
Rechner, dessen Befehle nur
Worte verarbeiten können

WORM
write once, read multiple times
magneto-optischer Speicher, der
nur einmal beschrieben aber
vielfach gelesen werden kann

WP
1. Wartungsprozessor
in einem Datenverarbeitungssystem enthaltener Rechner für
Wartungs- und Fehlererkennug-
saufgaben

2. word processor
Rechner zur Textbe- und
-verarbeitung

3. worst pattern
ungünstigstes Informations-
muster

WPC
wired program control
festverdrahtete, nicht frei programmierbare Rechenanlagen

WPL
Wechselplattenspeicher
Magnetplattenspeicher mit aus-
wechselbarem Datenträger;
siehe auch WPS

WpM
words per minute
Worte je Minute; auch W/min

WPS
Wechselplattenspeicher
Magnetplattenspeicher mit aus-
wechselbarem Datenträger;
siehe auch WPL

WR
Wagenrücklauf
Geräte- bzw. Übertragungs-
teuerzeichen der Datenfernverarbeitung: carriage return
(englisch)

WR/ZL
Wagenrücklauf/Zeilenvorschub
Geräte- bzw. Übertragungssteuerzeichen der Datenfernverarbeitung: carriage return/
line feed (englisch)

WRL
Wagenrücklauf
Geräte- bzw. Übertragungssteuerzeichen der Datenfernverarbeitung: carriage return
(englisch), auch CR

WS
1. wait state
Wartezeit beim Speicherzugriff;
Begriff aus dem Mikroprozessor-
bereich

2.Warteschlange
Aneinanderreihung von Aufträgen an ein Gerät oder Programm

3. Workstation
Arbeitsplatzrechner-Familie der
SNI für das UNIX-Betriebs-
system

Ws
Wattsekunde
physikalische Einheit der Arbeit

WT
Wechselstromtelegrafie
Verfahren zur Übertragung von
Informationen mit Hilfe des
Wechselstroms

WTC
World Trade Corporation
weltweites Unternehmen der
IBM

WTS
word terminal synchronous
für die synchrone Übertragung

von Daten eingerichtete und
wortorientierte Datenstation

WTÜ
Wechselübertragung
Verfahren zur Übertragung von
Daten auf Datenübertragungs-
leitungen

WW
wire wrap
Drahtwickelverfahren zur Herstellung von Rücklagenverdrah-
tungen

WWMCS
*World Wide Military Command
and Control System*
weltweites Führungssystem der
Streitkräfte der USA

WX
Workstation UNIX
Arbeitsplatzrechner-Familie der
SNI für das SINIX-Open-Desk-
top-Betriebssystem basierend
auf dem Open-Desktop-
Betriebssystem der Santa Cruz
Operation

WYSIWYG
what you see is what you get
interaktives Verfahren zur Darstellung von Abbildungen auf
dem Bildschirm für spätere
Druckergebnisse im Bereich der
Desktop-Publishing-Software

X

X.24
CCITT-Empfehlung für Datenübertragung über öffentliche
Datennetze für Schnittstellenleitungen zwischen Daten-
endeinrichtungen und Daten-
übertragungseinrichtungen

X.25
CCITT-Empfehlung für Datenübertragung über öffentliche
Datennetze für Schnittstellenleitungen zwischen Daten-
endeinrichtungen und Daten-
übertragungseinrichtungen, die
im Paket-Modus arbeiten

X.29
CCITT-Empfehlung für die
Übertragung von Steuer- und
-Benutzerdaten zwischen einem
im Paket-Modus arbeitendem
Modem und einer Paketvermitt-
lungseinrichtung

X.400
CCITT-Empfehlung für den
elektronischen Austausch von
Dokumenten und Nachrichten

X.75
CCITT-Empfehlungen für die
Protokollumsetzung für Netz-
übergänge zwischen unter-
schiedlichen Netzen (Gateways)

XA
extended architecture
Erweiterung der Architektur der
IBM-Rechnerfamilie 370

XDLE
*data link escape in transparent
mode*
Geräte- bzw. Übertragungssteuerzeichen der Datenfernverarbeitung: transparentes
DLE-Zeichen

XENIX
weitgehend hardware
unabhängiges Betriebssystem
der Microsoft Corporation für
den Einsatz auf Mini-, Mikro-
und Personal Computer

XETB
*transparent end of transmission
block*
Geräte-bzw. Übertragungs-
steuerzeichen der Datenfernverarbeitung: Ende des transparenten Blocks

XETX
transparent end of text
Ende des transparenten Texts

XITB
transparent intermediate block
Blockzwischenprüfung eines
transparenten Texts

XMA
expanded memory architecture
Hauptspeicherarchitektur für
Personal Computer

XMSN
transmission
in den USA gebräuchliche Ab-
kürzung für Übertragung

XMTR
transmitter
in den USA gebräuchliche Ab-
kürzung für Sender/Empfänger
bzw. Übertrager

X/Open

Zusammenschluß führender europäischer und amerikanischer Rechnerhersteller zur Vereinheitlichung des UNIX-Betriebssystems bezüglich Schnittstellen, Portabilität, Kommunikationsfähigkeit und Nutzung von Produkten verschiedener Hersteller

XOR

exclusive OR
exklusive ODER-Verknüpfung, auch Antivalenzverknüpfung

XPT

external page table
externe Seitentabelle: Tabelle zur Umwandlung von virtuellen in physikalische Adressen

X-punch

X-Lochung; elfte Lochung einer Lochkarte

XR

Indexregister
Register zum Ändern von in Befehlen enthaltenen Adressen

XREF

cross reference list
Zuordnungstabelle

XSTX

transparent start of text
Geräte- bzw. Übertragungssteuerzeichen der Datenfernverarbeitung: Start eines transparenten Texts

XSYN

transparent synchronous/idle
Geräte- bzw. Übertragungssteuerzeichen der Datenfernverar-beitung: Synchronisierungszeichen für die transparente Übertragung von Daten

XT

Personal Computer der IBM mit einem 8-bit-Datenbus und einem 8-bit-Mikroprozessor

XTTD

transparent temporary text delay
zeitweilige Verzögerung der transparenten Textübertragung

XVS

X/Open System V Specification
gemeinsame Schnittstelle zur Portabilität der Software zwischen UNIX-Rechnern unterschiedlicher Hersteller

Y

Z

Y
Yard
Längeneinheit;
1 Yard = 0,9144 m

YP
yield point
Sollbruchstelle

Y-punch
Y-Lochung; zwölfte Lochung
einer Lochkarte

YS
yield strength
Sollbruchkraft

YV
yield value
Sollbruchwert

Z
1. Bezeichnung des Zustands
hoher Impedanz bei tri-state-
Ausgängen

2. Zeichen
character, kleinste aus Buchstaben, Ziffern und Sonderzeichen bestehende Dateneinheit;
siehe auch Zch

Z1, Z2
von Konrad Zuse hergestellte
mechanisch arbeitende Rechen-
maschinen; Vorläufer der Z3

Z3
erste programmgesteuerte
Rechenmaschine der Welt,
hergestellt von Konrad Zuse

Zch
Zeichen
character, kleinste Dateneinheit,
bestehend aus Buchstaben,
Ziffern und Sonderzeichen;
siehe auch Z

ZCT
zero count table
Tabelle zur Unterstützung von
Speicherbereinigungen

ZDR
Zeilendrucker
line printer; Drucker hoher Leistung zum kompletten Drucken
einer ganzen Zeile

ZDVA
*zentrale Datenverarbeitungs-
anlage*

ZE
Zentraleinheit
Rechenwerk, arithmetische Einheit einer Datenverarbeitungsanlage; Teil des Rechners, in dem die Befehle ausgeführt werden; siehe auch ACU, ALU, BLU, BPU, CPU

ZELASI
Zentrale Lagersimulation
Programmsystem der SNI für Aufgaben der Lagerverwaltung

ZfB
Zentralstelle für Betriebswirtschaft
Verband für die Betriebswirtschaft mit Sitz in Frankfurt a.M.

ZFS
zone field selection
Zonenfeldauswahl

Zi
Ziffer
digit, auch numeral oder numeric; dient der Darstellung von Zahlen innerhalb eines Zahlensystems

ZIP
zigzag inline package
Gehäuseform von integrierten Schaltungen

ZL
1. Zeile
line

2. Zeilenvorschub
line feed; siehe auch LF

ZL/min
Zeilen je Minute
lines per minute; Leistung eines Druckers je Zeiteinheit; siehe auch lpm

Z/min
Zeichen je Minute
characters per minute; siehe auch cpm

ZRAM
zero random access memory
Halbleiterspeicher mit Lithiumbatterie zur Informationssicherung bei Netzabschaltung

Z/s
Zeichen je Sekunde
characters per second; siehe auch cps

ZSP
Zwischenspeicher
Pufferspeicher zur kurzzeitigen Speicherung von Informationen

ZV
Zeilenvorschub
line space, auch line feed; siehe auch LF

ZVEI
Zentralverband der Elektrotechnik- und Elektronikindustrie e. V.
Verband der deutschen elektrotechnischen und der Elektronikindustrie mit Sitz in Frankfurt am Main

ZWR
Zwischenraum
blank, blank space, space

Z/ZL

Zeichen je Zeile
characters per line;
siehe auch cpl

2D

two-dimensional
zweidimensionale Darstellung
von Grafiken auf Bildschirmen

3D

three-dimensional
dreidimensionale Darstellung
von Grafiken auf Bildschirmen

4GL

Fourth Generation Language
Programmiersprache der vierten
Generation zur Programmierung
von dialoggesteuerten Daten-
bankanwendungen

Teil 2   Übersichten

1 Maschinenbefehle typischer „Main Frame Computer"

Binärbefehle (binary instructions)

Mnem. Code	Befehlsname	Instruction	Masch. Code
A	Addieren	Add	5A
AH	Addieren Halbwort	Add Halfword	4A
AL	Add. ohne Vorzeichen	Add Logical	5E
ALR	Add. ohne Vorzeichen	Add Logical	1E
AR	Addieren	Add	1A
C	Vergl. algebraisch	Compare	59
CH	Vergl. Halbwort	Compare Halfword	49
CL	Vergl. logisch	Compare Logical	55
CLC	Vergl. logisch	Compare Logical	D5
CLCL	Vergl. logisch lang	Compare Log. Long	0F
CLI	Vergl. logisch	Compare Logical	95
CLM	Vergl. log. mit Maske	Comp. Logical Mask	BD
CLR	Vergl. logisch	Compare Logical	15
CR	Vergl. algebraisch	Compare	19
D	Dividieren	Divide	5D
DR	Dividieren	Divide	1D
LCR	Laden Komplement	Load Complement	13
LNR	Laden negativ	Load Negative	11
LPR	Laden positiv	Load Positive	10
LTR	Laden und Testen	Load and Test	12
M	Multiplizieren	Multiplay	5C
MH	Mlt. Halbwort	Mlt. Halfword	4C
S	Subtrahieren	Subtract	5B
SH	Subtrahieren Halbwort	Subtract Halfword	4B
SL	Sub. ohne Vorzeichen	Subtract Logical	5F
SLA	Verschieben links	Shift Left Single	8B
SLDA	Versch. links doppelt	Shift Left Double	8F
SLDL	Versch. l. d. logisch	Shift L. D. Logical	8D
SLL	Versch.l.logisch	Shift L. S. Logical	89
SLR	Sub. ohne Vorzeichen	Subtract Logical	1F

Mnem. Code	Befehlsname	Instruction	Masch. Code
SR	Subtrahieren	Subtract	1B
SRA	Verschieben rechts	Shift Right Single	8A
SRDA	Versch. rechts doppelt	Shift Right Double	8E
SRDL	Versch. r. d. logisch	Shift R. D. Logical	8C
SRL	Versch. rechts logisch	Shift R. S. Logical	88

Dezimalbefehle (decimal instructions)

Mnem. Code	Befehlsname	Instruction	Masch. Code
AP	Addieren dezimal	Add Decimal	FA
CP	Vergleichen dezimal	Compare Decimal	F9
CVB	Umwandeln Binärform	Convert to Binary	4F
CVD	Umw. Dezimalform	Conv. to Decimal	4E
DP	Dividieren dezimal	Divide Decimal	FD
MP	Mlt. dezimal	Multiply Decimal	FC
PACK	Packen	Pack	F2
SP	Subtrahieren dezimal	Subtract Decimal	FB
SRP	Versch. runden dez.	Shift Round Dec.	F0
UNPK	Entpacken	Unpack	F3
ZAP	Löschen add. dezimal	Zero and Add	F8

Gleitkommabefehle (floating point instructions)

Mnem. Code	Befehlsname	Instruction	Masch. Code
AD	Add. normalisiert lang	Add Normal. Long	6A
ADR	Add. normalisiert lang	Add Normal. Long	2A
AE	Add. normalisiert kurz	Add Normal. Short	7A
AER	Add. normalisiert kurz	Add Normal. Short	3A
AU	Add. nicht normal. kurz	Add Unnormal. Short	7E
AUR	Add. nicht normal. kurz	Add Unnormal. Short	3E
AW	Add. nicht normal. lang	Add Unnormal. Long	6E
AWR	Add. nicht normal. lang	Add Unnormal. Long	2E
AXR	Add. normal. erw. Länge	Add Normal. Extended	36
CD	Vergleichen lang	Compare Long	69
CDR	Vergleichen lang	Compare Long	29
CE	Vergleichen kurz	Compare Short	79
CER	Vergleichen kurz	Compare Short	39
DD	Dividieren lang	Divide Long	6D
DDR	Dividieren lang	Divide Long	2D
DE	Dividieren kurz	Divide Short	7D
DER	Dividieren kurz	Divide Short	3D
HDR	Halbieren lang	Halve Long	24
HER	Halbieren kurz	Halve Short	34

Mnem. Code	Befehlsname	Instruction	Masch. Code
LCDR	Laden Komplement lang	Load Compl. Long	23
LCER	Laden Komplement kurz	Load Compl. Short	33
LD	Laden lang	Load Long	68
LDR	Laden lang	Load Long	28
LE	Laden kurz	Load Short	78
LER	Laden kurz	Load Short	38
LNDR	Laden negativ lang	Load Negative Long	21
LNER	Laden negativ kurz	Load Negative Short	31
LPDR	Laden positiv lang	Load Positive Long	20
LPER	Laden positiv kurz	Load Positive Short	30
LRDR	Laden und Runden lang	Load Rounded Long	25
LRER	Laden und Runden kurz	Load Rounded Short	35
LTDR	Laden und Testen lang	Load and Test Long	22
LTER	Laden und Testen kurz	Load and Test Short	32
MD	Multiplizieren lang	Multiply Long	6C
MDR	Multiplizieren lang	Multiply Long	2C
ME	Multiplizieren kurz	Multiply Short	7C
MER	Multiplizieren kurz	Multiply Short	3C
MXD	Mul. erweiterte Länge	Multiply Extended	67
MXDR	Mul. erweiterte Länge	Multiply Extended	27
MXR	Mul. erweiterte Länge	Multiply Extended	26
SD	Sub. normalisiert lang	Sub. Normalized Long	6B
SDR	Sub. normalisiert lang	Sub. Normalized Long	2B
SE	Sub. normalisiert kurz	Sub. Normalized Short	7B
SER	Sub. normalisiert kurz	Sub. Normalized Short	3B
STD	Speichern lang	Store Long	60
STE	Speichern kurz	Store Short	70
SU	Sub. nicht normal. kurz	Sub. Unnormal. Short	7F
SUR	Sub. nicht normal. kurz	Sub. Unnormal. Short	3F
SW	Sub. nicht normal. lang	Sub. Unnormal. Long	6F
SWR	Sub. nicht normal. lang	Sub. Unnormal. Long	2F
SXR	Sub. normalisiert lang	Sub. Normalized Long	37

Logische Befehle (logical instruction)

N	Und	And	54
NC	Und	And	D4
NI	Und	And	94
NR	Und	And	14
O	Oder	Or	56
OC	Oder	Or	D6

Mnem. Code	Befehlsname	Instruction	Masch. Code
OI	Oder	Or	96
OR	Oder	Or	16
TM	Testen mit Maske	Test under Mask	91
X	Ausschließendes Oder	Exclusive Or	57
XC	Ausschließendes Oder	Exclusive Or	D7
XI	Ausschließendes Oder	Exclusive Or	97
XR	Ausschließendes Oder	Exclusive Or	17

Sprungbefehle (branch instructions)

BAL	Springen u. Speichern	Branch and Link	45
BALR	Springen u. Speichern	Branch and Link	05
BAS	Springen u. Speichern	Branch and Link	4D
BASR	Springen u. Speichern	Branch and Link	0D
BC	Springen bedingt	Branch on Condition	47
BCR	Springen bedingt	Branch on Condition	07
BCT	Springen nach Zählen	Branch on Count	46
BCTR	Springen nach Zählen	Branch on Count	06
BXH	Springen Index größer	Branch Index High	86
BXLE	Springen Index kleiner	Branch Index Low	87

Transferbefehle (data transfer instructions)

IC	Laden Zeichen	Insert Character	43
ICM	Einsetzen Zeichen	Insert Characters	BF
L	Laden	Load	58
LBF	Laden Bitfeld	Load Bit Field	B6
LH	Laden Halbwort	Load Halfword	48
LM	Laden mehrfach	Load Multiple	98
LR	Laden	Load	18
LWI	Laden Wort indirekt	Load Word Indirect	53
MVC	Übtr. Zeichenfolge	Move	D2
MVCL	Übtr. Zeichenfolge lang	Move Long	0E
MVI	Ersetzen Zeichen	Move Immediate	92
MVN	Übertragen numerisch	Move Numerics	D1
MVO	Übtr. mit Versetzen	Move with Offset	F1
MVZ	Übertragen Zonen	Move Zones	D3
ST	Speichern	Store	50
STBF	Speichern Bitfeld	Store Bit Field	81
STC	Speichern Zeichen	Store Character	42
STCM	Speichern Zeichen	Store Characters	BE

Mnem. Code	Befehlsname	Instruction	Masch. Code
STH	Speichern Halbwort	Store Halfword	40
STM	Speichern mehrfach	Store Multiple	90
STWI	Speichern Wort indir.	Store Word Indirect	51

Kellerbefehle (stack instructions)

EXST	Ausführen Kellerfkt.	Execute Stack	B1
POP	Aufsteigen in Keller	POP	9B
PUSH	Absteigen in Keller	PUSH	99

Aufbereitungsbefehle (edit instructions)

ED	Aufbereiten	Edit	DE
EDMK	Aufbereiten u. Mark.	Edit and Mark	DF
TR	Umsetzen Code	Translate	DC
TRT	Umsetzen u. Testen	Translate and Test	DD

Sonstige Befehle (miscellaneous instructions)

CDS	Vergleichen doppelt	Compare Double	BB
CS	Vgl. und austauschen	Compare and Swap	BA
EX	Ausführen	Execute	44
LA	Laden Adresse	Load Address	41
SPM	Setzen Programmaske	Set Program Mask	04
STCK	Speichern Uhrzeit	Store Clock	B2
SVC	Aufrufen Org. Programm	Supervisor Call	0A
TS	Testen und Setzen	Test and Set	93

Privilegierte Befehle (privileged instructions)

CCPU	Prüfen Zentraleinheit	Control CPU	AC
CIOC	Prüfen E/A-Steuerung	Control I/O-Contr.	AD
CKC	Prüfen Kanal	Check Channel	9F
FC	Ausführen Sonderfkt.	Function Call	9A
FCAL	Ausführen Sonderfkt.	Function Call	B7
HDV	Halten Gerät	Halt Device	9E
IDL	Warten	Idle	80
ISK	Abfragen Speicherschl.	Insert Storage Key	09
LSP	Laden Zwischenspeicher	Load Status of Prg.	D8
PC	Wechseln Funktionszust.	Program Control	82

Mnem. Code	Befehlsname	Instruction	Masch. Code
SDV	Starten Gerät	Start Device	9C
SSK	Setzen Speicherschl.	Set Storage Key	08
SSP	Sp. aus Zwischen-speicher	Store Status of Prg.	D9
TDV	Prüfen Gerät	Test Device	9D

Zusätzliche bzw. alternative Befehle

Mnem. Code	Instruction	Masch. Code
BASSM	Branch and Save and Set Mode	0C
BSM	Branch and Save	0B
CCW0	Define Channel Command Word (Format 0)	
CCW1	Define Channel Command Word (Format 1)	
CSCH[1]	Clear Subchannel	B230
DXR	Divide extended	B220
HSCH[1]	Halt Subchannel	B231
IPM	Insert Program Mask	B222
MSCH[1]	Modify Subchannel	B232
RCHP[1]	Reset Channel Path	B23B
RSCH[1]	Resume Subchannel	B238
SAL[1]	Set Address Limit	B237
SCHM[1]	Set Channel Monitor	B23C
SSCH[1]	Start Subchannel	B233
STCPS[1]	Store Channel Path Status	B23A
STCRW[1]	Store Channel Report Word	B239
STSCH[1]	Store Subchannel	B234
TPI[1]	Test Pending Interruption	B236
TRACE[1]	Trace	99
TSCH[1]	Test Subchannel	B235

---

[1] privilegierte Befehle

2 Handelsbezeichnungen, Incoterms

Internationale Regeln zur Auslegung der hauptsächlich verwendeten
Vertragsformen in Musterverträgen

Main carriage paid,
Haupttransport vom Verkäufer bezahlt:

CFR	Cost and Freight	Kosten und Fracht
CIF	Cost, Insurance and Freight	Kosten, Versicherung, Fracht
CPT	Carriage Paid To	Frachtfrei
CIP	Carriage and Insurance Paid To	Frachtfrei versichert

Arrival,
Ankunftsklauseln:

DAF	Delivered At Frontier	Geliefert Grenze
DES	Delivered Ex Ship	Geliefert ab Schiff
DEQ	Delivered Ex Quay	Geliefert ab Kai (verzollt)
DDU	Delivered Duty Unpaid	Geliefert unverzollt
DDP	Delivered Duty Paid	Geliefert verzollt

Departure,
Abholklausel:

EXW	Ex Works	Ab Werk

Main carriage unpaid,
Haupttransport vom Verkäufer nicht bezahlt:

FCA	Free Carrier	Frei Frachtführer
FAS	Free Alongside Ship	Frei Längsseite Seeschiff
FOB	Free On Board	Frei an Bord